ロープウェイでらくらく行ける、雲上リゾート＆展望台58選！

天空テラス
週末さんぽ

全国版

有珠山ロープウェイ
Mt.USU Terrace（P20）

[目次] Contents

この本の楽しみ方

本書は、らくらく行ける全国の天空テラス＆展望台をロープウェイごとに紹介しています。
基本的に掲載情報はグリーンシーズンに限定しており、冬季にスキー場となる施設の場合、
冬季の情報は掲載していません。詳しい見方は以下をご覧ください。

A 施設名

ロープウェイ・ケーブルカーの名前で表記（一部は山頂施設名・全体施設名で表記）。

C ロープウェイ（他の乗り物）情報

営＝営業期間。通年または○～○月（グリーンシーズン期間）で表記　時＝運行時間（変わる可能性があり）　休＝営業期間中の休業日の有無（メンテナンス休・荒天時運休あり・注①②）
料＝大人１人の通常料金（基本は「往復」）

D 標高図・アクセス関連情報

全施設の標高を図示、山頂ポイントの標高を記載（一部ページは絶景が楽しめる「山頂図」を掲載）。「絶景ポイント」への行き方、またアクセス時の注意点などを掲載。

B アイコン

- ロープウェイ(ゴンドラ)
- ケーブルカー
- リフト
- 最高標高地点（山頂駅もしくは駅周辺最高地点）
- 通年営業
- グリーンシーズン

以下のアイコンは適用がない場合はグレーで表示。

- カフェ
- レストラン
- ペット乗車可能（乗車の際に諸条件ありを含む・注③）
- 車いす乗車可能（乗車の際に諸条件ありを含む・注④）

E アクセス図

最寄り高速道路のインターチェンジ（IC）から、絶景ポイントまでの行き方、およその時間を表示。

F 立ち寄りGuide

施設の行き帰りに立ち寄りたい景勝地、グルメ、土産物屋などの施設を紹介。

G マップ

施設周辺のマップを掲載（一部ページを除く）。最寄りインターチェンジ、一部は最寄り駅・立ち寄り施設を記載。

［ご注意］事前にご確認ください

①ロープウェイ・ケーブルカーは強風や悪天候で運転休止することがあります。ご注意ください。本書では１週間以上の運行休止期間がある場合のみ記載しています。　②ロープウェイ・ケーブルカーなどの運行事業者は、利用者を安全に運ぶために、定期的なメンテナンスが義務づけられており、点検のための運休期間があります。お出かけの前にホームページ等でご確認のうえ、ご利用ください。　③ペット同伴での乗車は有料、ゲージの利用が必要、飲食施設などの利用制限ありなど、施設によって条件が変わります。　④車いすの乗車マークは、ロープウェイ・ケーブルカーなどに乗車可能かどうかを掲載していますが、各施設で諸条件が変わります。また、絶景ポイントへのアクセス路の通行が可能かどうかを示すものではありません。　⑤高速道路名、ロープウェイ名は一部を省略・記載しています。　⑥データは2025年２月下旬現在のものです。記載の料金は変更されることがあります。予告なく営業期間・運休期間などが変更になる場合があります。

［表紙MEMO］

びわ湖バレイ
（滋賀県）
THE MAIN
Grand Terrace

ぜひ行って見たい！雲上のパラダイス

いま注目！「天空テラス」Select

2000m超え高地に雲海……
眺望がゆっくり楽しめる「天空テラス」の魅力に迫った。

眼下に広がる山々の大展望

長野県

横手山スカイレーター・スカイリフト

満天ビューテラス P66

長野県と群馬県の県境に広がる志賀高原。ピークが横手山で、山頂のテラスからは志賀高原の山々が一望のもとに。レストランで楽しめる本格メニューも魅力。

標高2307m

志賀高原や日本アルプスの眺望を楽しみながら横手山スカイレーターで登る。

Topic 1

2000m超えの別世界

高地テラス

眼下に広がる山の景色が楽しめる高地のテラス。標高2000m超えの４施設の眺望は、その迫力に息を飲む。

富山県

立山黒部アルペンルート
大観峰（だいかんぼう）

雲上テラス P86

富山県と長野県の高地を複数の乗り物で巡る立山黒部アルペンルート。標高2316mの高地の駅が大観峰駅で、その上に雲上テラスがある。同テラスから見る景色が圧巻だ。

標高2316m

木のテーブルと椅子が備えられる雲上テラス。秋は山々が色づき見事だ。

北アルプスの峰々が目の前に

日本最高所の大迫力が半端ない

長野県

駒ヶ岳ロープウェイ

SO・RA・TO・KI P82

終点の千畳敷駅は国内最高所駅。〝日本一空に近いテラス〟は眺めも抜群！

標高2612m

テラスの目の前には宝剣岳が(上写真)。千畳敷駅併設の「ホテル千畳敷」もおしゃれ。

日本アルプスが見渡せる

長野県

北八ヶ岳ロープウェイ

スカイアイ2237 P72

八ケ岳の北端、北八ヶ岳ロープウェイの山頂の坪庭駅のテラス・スカイアイ2237からは、麓に諏訪盆地を、前面に日本アルプスの大眺望を楽しむことができる。

標高2237m

山頂の坪庭駅にはスカイアイ2237の展望台(右)が張り出すように設けられる。

Topic 2

幻想的な雲海が楽しめる！

気象条件が揃った時に発生する雲海。どこで楽しめるのか、注目の施設を選んだ。

北海道

星野リゾート トマム

雲海テラス P10

雲海発生率予報も

星野リゾートの展望施設はその名もずばり雲海テラス。登るゴンドラも雲海が出やすい朝に合わせて朝５時からの営業。前日には雲海発生率予報も出される。

雲海を望む「Sky Wedge（スカイウエッジ）」。他にも雲海が楽しめる施設が揃う。

長野県

竜王マウンテンリゾートロープウェイ

SORA terrace P68

雲海発生率60.3%

標高1770mにある竜王マウンテンリゾートのソラテラス。一般的に、雲海は朝方に発生するが、こちらは夕方の雲海がお勧め。暮れなずむ夕陽に染まる雲海が幻想的だ。

世界最大級とされる166人乗りロープウェイで登る山頂のSORA terrace。目の前に夕陽に染まる雲海が広がる。何とも形容しがたい情景だ。

専用デッキから見る雲海風景

広がる雲海風景にぞっこん…

Topic 3

360度ぐるり の大パノラマにこだわる

360度、見渡す限りの眺望が楽しめる。そんな大パノラマならばこそ、という施設を紹介。

4kmの間に展開するパノラマ劇場

神奈川県

箱根ロープウェイ

大涌谷駅など P50

全長4km上り下りが続く箱根ロープウェイ。ゴンドラの真横に富士山、眼下には130mの谷底が望める。まさに空中を滑空するロープウェイならではの醍醐味だ。

箱根神山の爆裂火口跡、大涌谷。その荒々しい姿がゴンドラから手に取るように見える。

滋賀県

びわ湖バレイ

Café 360 P112

Café 360からの琵琶湖の風景は秀逸だ。隣接の打見山にもテラスがある（上写真）。

標高1174mの蓬莱山に設けられたびわ湖バレイのCafé 360。その名前の通り四方に大パノラマが広がる。特に東側、眼下に広がる琵琶湖の眺めは比類なき迫力。

湖西の大展望が眼下に広がる

雲海の形&楽しみ方いろいろ

岩手県

安比ゴンドラ

UNKAIデッキ P29

73.1%と驚異の雲海発生率を誇る安比高原。APPI1304と名付けられた山頂エリアに「UNKAIデッキ」が設けられ、デッキの上に登ると目の前に一面の雲海が広がる。

雲海発生率73.1%

木造テラスの上に展望台がある。雲海は早朝に現れる確率が高い。

Topic 4

オンリーワン！ ここだけの 大展望

歴史の舞台、地球の脈動が感じられるなど
ここだけの展望が楽しめる施設を選んだ。

昭和生まれの火山を眼下に望む

北海道

有珠山ロープウェイ

Mt.USU Terrace P20

P20

有珠山の中腹に設けられたMt.USU Terraceから望む昭和新山。1944年に突然隆起し、約1年半程で標高400mの山に成長。珍しい山の姿をぜひ目に焼き付けたい。

荒々しい姿の昭和新山はロープウェイの車内やテラスから望める。

滋賀県

比叡山坂本ケーブル

ケーブル延暦寺駅 P118

国内に多く走る登山用のケーブルカー。路線は1km未満が多いが、2kmと長い距離を上り下りするのが坂本ケーブル。ケーブルカーとして日本で最長距離を誇る。

山頂からは大津市街方面と、琵琶湖大橋方面が望める。

ケーブルカー長さ1番2km！

あの戦国大名も眺めた大展望

岐阜県

ぎふ金華山ロープウェー

岐阜城天守閣 P110

戦国大名・斎藤道三の居城であり、後に織田信長の居城となった岐阜城。ぎふ金華山ロープウェーで頂上に登れば、信長も眺めた展望を天守から楽しめる。

現在の天守は戦後に復興されたもの。上からは関ヶ原方面まで見渡せる。

北海道・東北の

Hokkaido / Tohoku

天空テラス

&展望台

有珠山ロープウェイのMt.USU Terrace。早朝に雲海が見えることも。

P24 大雪山層雲峡
黒岳ロープウェイ
大雪山旭岳ロープウェイ P22
北海道
P10 星野リゾート
トマム 雲海テラス
小樽天狗山
ロープウエイ P14
P17 札幌もいわ山ロープウェイ
P20 有珠山ロープウェイ
P26 函館山ロープウェイ
函館山山頂展望台
青森県
P36 八甲田ロープウェー
P29 安比ゴンドラ
秋田県
岩手県
山形県
宮城県
P34 蔵王中央ロープウェイ
P32 蔵王ロープウェイ
福島県

星野リゾート トマム雲海テラスには多くのアクティビティが揃う。

初夏は高山植物の宝庫となる大雪山旭岳ロープウェイの山頂駅付近。

北海道を代表する大人気雲海スポット

Hoshino Resorts Tomamu Unkai Terrace

星野《ほしの》リゾート トマム 雲海《うんかい》テラス

北海道 | 占冠《しむかっぷ》村

1088m green season

雲海の上を浮遊するイメージ…

雲海テラスで最高所の展望スポット「Cloud Pool（クラウドプール）」。雲形のハンモックのような形で、まるで雲の中に入り込んだよう。

早朝の雲海テラスで雲上の散歩を楽しもう

私たちがいつも見ているこの眺めを、お客様にも見てもらいたい……。ゴンドラの整備スタッフのそんな思いでスタートしたのが、今や北海道を代表する絶景スポットとなったトマムの「雲海テラス」だ。

雲海ゴンドラの山麓駅から13分で、標高1088mの山頂駅へ。最高所の「クラウドプール」をはじめとする、趣向を凝らしたさまざまな展望スポットや「雲Cafe」から見渡す限りの雲海が一望できる。仮に雲海が見られなかったとしても、充実した設備と絶景のおかげで、十分に満足できるにちがいない。

Data

- 北海道勇払郡占冠村中トマム
- 0167-58-1111㈹
- 道東自動車道・トマムICから約5.7km
- P1500台
- JR石勝線・トマム駅から送迎バス約5分

雲の上に
浮かんで
いるよう

高さ3mの位置に設けられた「Cloud Bar（クラウドバー）」。雲の上に浮かんでいるかのよう。

雲形の遊歩道「Cloud Walk（クラウドウォーク）」（左）や、空に向かって突き出た「Sky Wedge（スカイウエッジ）」（上）などの展望スポットを巡ることができる。

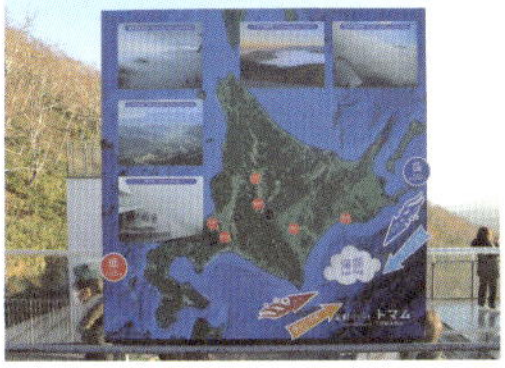

雲海は5～10月の早朝に発生しやすい。発生のメカニズムも案内される（上）。多いのはトマム産雲海と呼ばれるタイプ（右）。

日勝峠方面
道東自動車道
トマム ザ・タワー
by 星野リゾート
訪れた日もわずかに
雲海が出現
雲海ゴンドラ山麓駅
ミナミナビーチ
雲海ゴンドラ

雲海テラス展望デッキ

澄み渡った日のトマムの絶景も素晴らしい

「雲海テラス」からは、周囲の山並みとともに、広大なリゾートが一望できる。北海道を代表するリゾート地であり、代名詞的存在である4棟のタワーホテルも確認できる。

展望デッキ
から望む
大パノラマ
1

雲海の他にも楽しめる アクティビティがずらり

4

3

2

5

1.2「雲海テラス」には「雲 Cafe」があり、ドリンクやスイーツを楽しめる。3 かつて農業が営まれていた地、ファームエリアの巨大牧草ベッドでのんびりひと休みできる。4 夜は「木林の湯」で星空を眺めながら疲れを癒やしたい。5 雲 Cafe では「雲ソフト」700 円など人気メニューが揃う。

Check Point

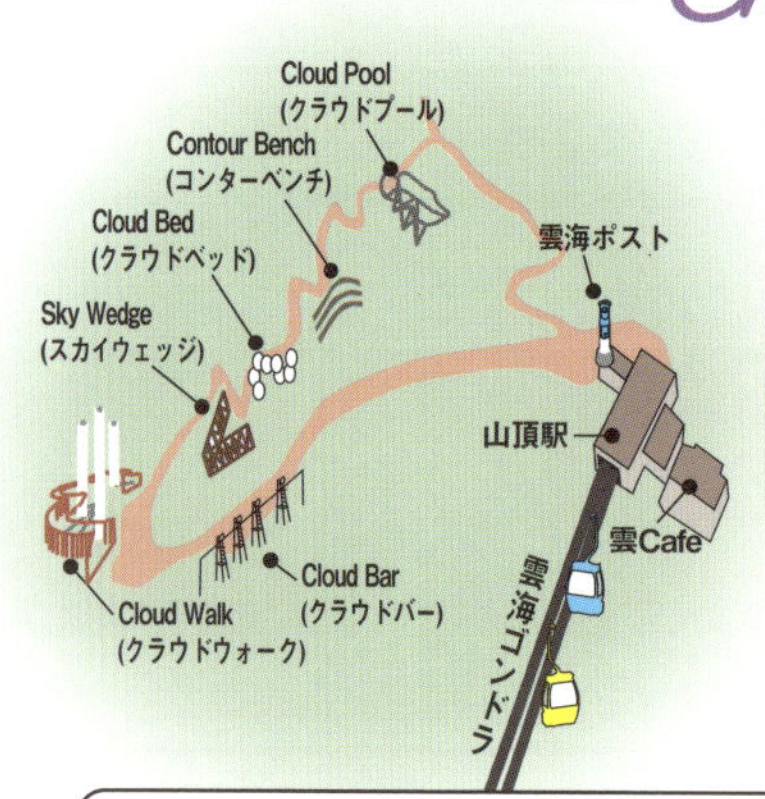
Cloud Pool
(クラウドプール)
Contour Bench
(コンターベンチ)
Cloud Bed
(クラウドベッド)
Sky Wedge
(スカイウェッジ)
雲海ポスト
山頂駅
雲Cafe
Cloud Bar
(クラウドバー)
Cloud Walk
(クラウドウォーク)
雲海ゴンドラ

季節の見どころ

空気が澄む秋は、日の出前からゴンドラの営業を開始。ゴンドラあるいは雲海テラスから、雲海とともに幻想的な日の出を望むことができる。

ゴンドラ情報

営5月中旬～10月下旬
時朝5～8時（8時が上り最終、下りは10時最終。5月は～7時）休無休
料往復1900円

絶景ポイントへのアクセス

山頂駅と雲Cafeに A～E展望デッキ。さらにCloud Bar、Cloud Walk、Sky Wedge、Cloud Poolを巡る上り下りの散策路があり約15～20分で1周できる。

アクティビティはやや上り下りあり

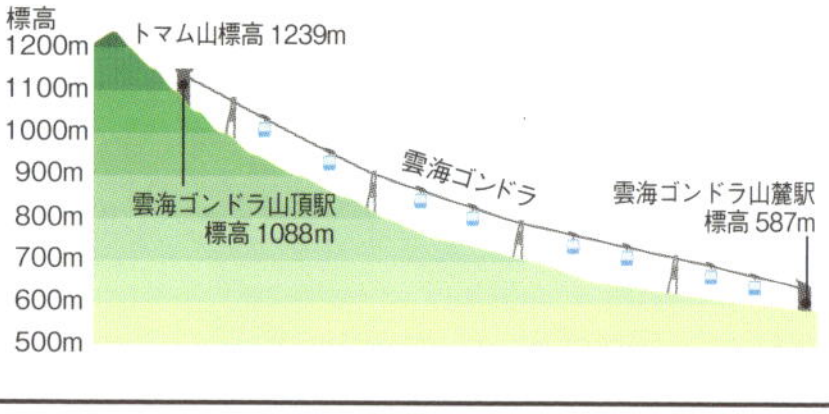
標高
1200m
1100m
1000m
900m
800m
700m
600m
500m
トマム山標高 1239m
雲海ゴンドラ
雲海ゴンドラ山頂駅
標高 1088m
雲海ゴンドラ山麓駅
標高 587m

CloudWalkなど …… 徒歩 5分 …… 山頂駅 …… 雲海ゴンドラ 13分 …… 山麓駅 …… 車 5.7km …… 道東道・トマムIC

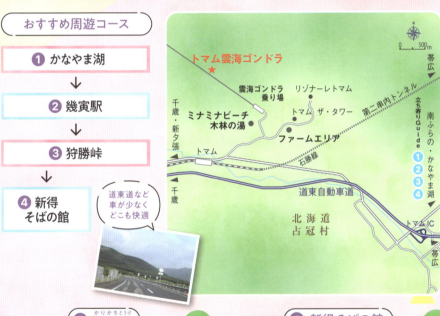

立ち寄りGuide

でっかい北海道で 自然&快適ドライブを

1 かなやま湖

施設から 32.2km

湖畔にはラベンダー畑が広がり、7月中旬～8月中旬に見ごろを迎え、無料で見学できる。オートキャンプ場やドックランもあり。カナディアンカヌーの体験なども楽しめる。

2 幾寅駅《いくとらえき》

施設から 27km

2024年3月に廃止された根室本線の幾寅駅は、映画『鉄道員』のロケ地として知られる。映画のセットとして使われた駅舎は、鉄道廃止後も保存され、駅舎内を見学することができる。

おすすめ周遊コース

1 かなやま湖

↓

2 幾寅駅

↓

3 狩勝峠

↓

4 新得そばの館

道東道など車が少なくどこも快適

0 500m
トマム雲海ゴンドラ
雲海ゴンドラ乗り場
リゾナーレトマム
ミナミナビーチ 木林の湯
トマム ザ・タワー
ファームエリア
第二串内トンネル
石勝線
トマム
千歳・新夕張
千歳
道東自動車道
北海道 占冠村
トマムIC
帯広
帯広
立ち寄りGuide 1 2 3 4
南ふらの・かなやま湖

3 狩勝峠《かりかちとうげ》

施設から 25km

狩勝峠

根室本線の旧線時代には、篠ノ井線の姨捨駅、肥薩線の矢岳越えとともに「日本三大車窓」のひとつに数えられた絶景スポット。国道38号沿いの展望台から、十勝平野の大絶景が楽しめる。

4 新得そばの館

施設から 37.5km

新得町は北海道有数のそばの産地。新得そばの館では、挽きたて、打ちたて、茹でたてのそばが味わえる。そばや特産品も購入できる。☎0156-64-5888 時11～17時 休1月1日・2日休

港町の風景に魅せられて

Otaru Tenguyama Ropeway

小樽《おたる》天狗山《てんぐやま》ロープウエイ

北海道 | 小樽市 | 485m | all season

小樽の街が
目の前に
広がる

籐椅子やソファが用意された天狗桜展望台。
小樽市街が手に取るように目の前に広がる

天狗桜展望台から望む雲海。街に雲がかかった日の午前中がお勧め

鼻なで天狗さんが名物 夜景や雲海も見ごたえあり

石狩湾に面した港町、小樽。古くから北前船の中継地として栄え、今も繁栄を伝える街並みが残る。小樽市街の南西にそびえる標高532・4mの天狗山。山頂の真下、山腹に標高485mのロープウェイ山頂駅がある。駅を出るとまさに別世界。第1展望台から第3展望台、駅の屋上にも展望台があり、主に港と市街が見渡せる。

付帯施設も充実、シマリス公園に400mを滑るスライダー施設など。帰りは山の守り神、「鼻なで天狗さん」の鼻をなでなで、願いがかなう事を祈りつつ山を下りたい。

Data

- 北海道小樽市最上2-16-15
- 0134-33-7381
- 札樽自動車道・小樽ICから約4.5km P250台
- JR函館本線・小樽駅からバスで約20分

計5つの展望台から小樽港町の景色を満喫

暮れなずむ
小樽の街景色
に息を飲む
1

4

3

2

5

1 ロープウェイの営業は下りが21時まで、ゆっくり夜景が楽しめる。2 山頂駅内の「TENGUU CAFE」。軽食や飲み物を楽しみつつ眺望が楽しめる。3 ショップでは、かわいい天狗グッズが人気に。4 駅前に祀られる「鼻なで天狗さん」。立て札に天狗様のさまざまなご利益が記されている。5 シマリス公園もありかわいい姿が楽しめる。

第3展望台

山頂エリアから少し離れた展望台。デッキの上から天狗岩と呼ばれる岩場とその下に札樽自動車道を望むことができる。

第1展望台

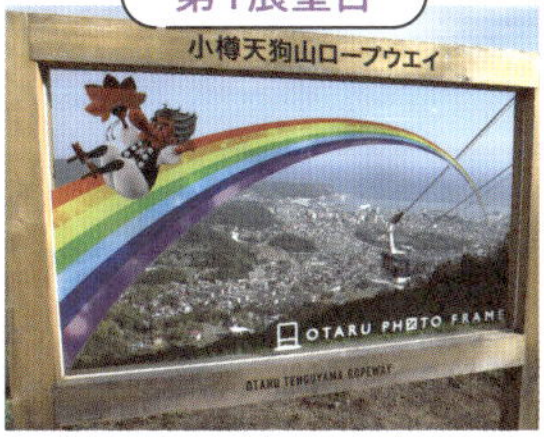
小樽天狗山ロープウェイ
OTARU PHOTO FRAME

山頂駅の西隣にある展望台。ロープウェイが登ってくる所を、特製のフォトフレーム越しに写真に収めることができる。

天狗桜展望台

山頂駅の東隣にあり一本桜が名物に。展望台には籐椅子やソファに加えてテーブルも置かれ、ゆっくりと眺望が楽しめる。

小樽市総合博物館
(手宮地区)
観光船乗り場
小樽運河
日本海
フェリー発着所
小樽港
小樽駅
小樽公園
札樽自動車道
小樽 IC

天狗山屋上展望台

屋上展望台から見下ろす小樽大絶景

山頂で一番高い所にある屋上展望台からは小樽市街の全景が見渡せる。左側には手宮地区の街景色が、正面には小樽公園や小樽運河、そして港が見渡せる。港に大型クルーズ船が停泊する姿も確認できた。

Check Point

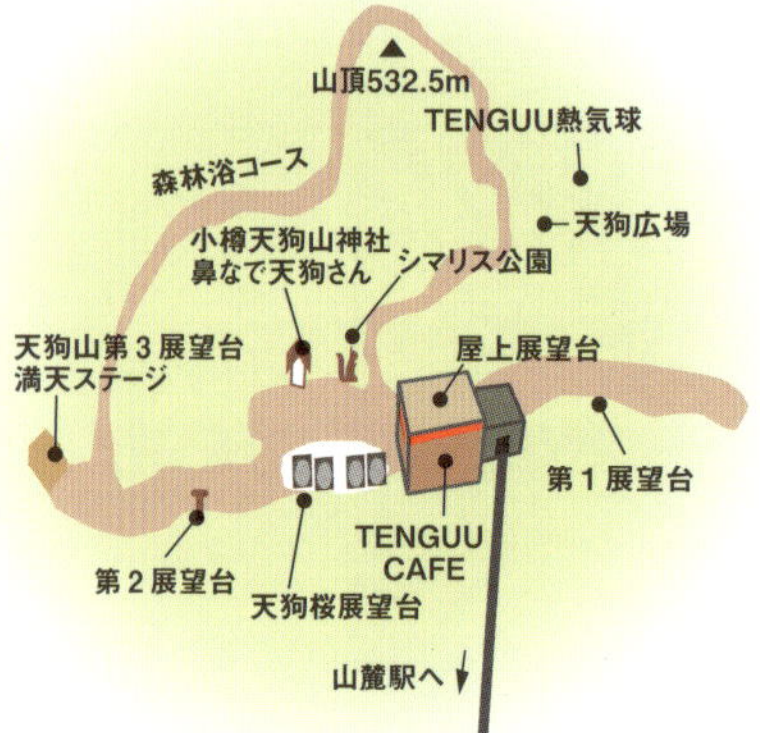
山頂532.5m
TENGUU熱気球
森林浴コース
天狗広場
小樽天狗山神社
鼻なで天狗さん
シマリス公園
天狗山第３展望台
満天ステージ
屋上展望台
第１展望台
TENGUU
CAFE
第２展望台
天狗桜展望台
山麓駅へ

季節の見どころ

天狗桜は樹齢100年を越える1本桜で、天狗桜展望台のシンボルでもある。この桜が咲くのが4月下旬。その後の新緑の時期の山景色も一見の価値ありだ。

ロープウェイ情報

TENGU

営通年時9～21時（下り最終）休無休（春秋設備運休あり）料往復1800円（冬期リフト料金を除く）※詳細はHP参照

絶景ポイントへのアクセス

展望台は全て山頂駅の目の前立地

天狗桜展望台と第1展望台は山頂駅に隣接する。第3展望台も徒歩5分ほどで、その途中に第2展望台がある。諸施設も山頂駅周辺に固まり利用しやすい。

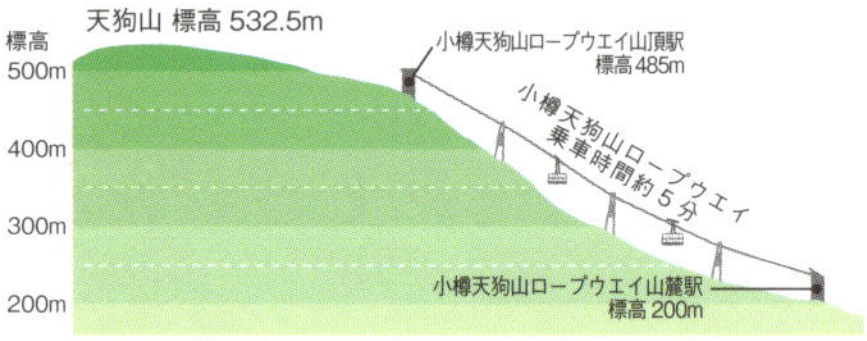
標高
500m
400m
300m
200m
天狗山 標高 532.5m
小樽天狗山ロープウエイ山頂駅
標高485m
小樽天狗山ロープウエイ
乗車時間約５分
小樽天狗山ロープウエイ山麓駅
標高200m

天狗桜展望台 ……徒歩 1分…… 山頂駅 ……ロープウエイ 5分…… 山麓駅 ……車 4.5km…… 札樽道・小樽IC

立ち寄りGuide

港町の風情感じる街並み散歩

余市
5
色内ふ頭
小樽港
第三号ふ頭
2 小樽運河
港町ふ頭
小樽
似鳥美術館
旧北海道拓殖銀行小樽支店
中央ふ頭
フェリー発着所
函館本線
北海道
小樽市
南小樽
札幌
5
小樽IC
1 手造りガラス工房
ザ・グラススタジオ in おたる
札樽自動車道
札幌
393
P 山麓駅
★ 小樽天狗山ロープウエイ
N
0
600m

旧北海道拓殖銀行小樽支店

華やかな歴史を伝える洋館も街中に残る

1 ザ・グラス・スタジオ イン オタル

施設周辺

手造りにこだわるガラス工房。山麓駅下にショップがあり、透明感あふれ、温もりを感じられるガラス器がずらり並ぶ。体験教室も開催。☎0134-33-9390時10～18時休火曜日

2 小樽運河

施設から3.6km

小樽随一の観光名所、小樽運河。古い煉瓦造りの倉庫が運河沿いに立ち風情満点だ。周囲にはさまざまな博物館や、ショップ、倉庫を利用した飲食店も多く、街巡りが楽しめる。

おすすめ周遊コース

1 ザ・グラス・スタジオ イン オタル → 2 小樽運河

聖なる山から望む札幌の街景色

Sapporo Mt.Moiwa Ropeway

札幌《さっぽろ》もいわ山《やま》ロープウェイ

北海道　札幌市

山頂駅の展望台からは日本新三大夜景に認定されたこともある札幌市の夜景が楽しめる。

2本の乗り物を乗り継ぎ標高531mの山頂へ

札幌市の南西に位置する藻岩山は札幌市民に気軽に登れる山として親しまれてきた。

山頂へはまず、もいわ山麓駅からロープウェイに乗り中腹駅へ。この駅からミニケーブルカーに乗り継げば、乗り換え時間も含め約15分で到着することができる。

山頂駅の屋上にある展望台からは人口196万という大都市の眺望を360度、余すことなく楽しむことができる。展望台には恋人の聖地にも認定された「幸せの鐘」*があり、デートスポットとしてたくさんのカップルが訪れる。

Data

- 北海道札幌市中央区伏見5-3-7
- 011-561-8177
- 石山通、南19西11交差点を西方向へ約1.1km Ⓟ120台
- 札幌市電・ロープウェイ入口電停から徒歩で約10分

＊幸せの鐘を２人で鳴らし、さらに周りの手すりに「幸せの鍵」を取り付けたカップルは絶対に別れない、とされている。

山頂展望台から見渡す 札幌市の極上パノラマ

広がる
大展望に
カンゲキ!

1

5

4

3

2

1 山頂展望台には双眼鏡と案内板もある。2 山頂駅のテイクアウトコーナーでは軽食も販売。3・4 山頂駅のレストラン「THE JEWELS」の2人席。ランチやディナー（写真 4）が楽しめる。5 展望台には幸せの鐘が立つ。

三角点広場

山頂展望台の北西側は天然記念物に指定された藻岩原始林と、観音寺、国土地理院の測量基準となる三等三角点がある。

山頂展望台②

山頂展望台から南西方面を望む。眼下は札幌市の南区市街で、その先に恵庭岳や樽前山、紋別岳といった山々が連なる。

山頂展望台①

山頂展望台のほぼ中央に立つ幸せの鐘。鐘越しに望むのは南東側で、緑の帯が豊平川。市内を南北に流れている。

市街中心部の大パノラマを楽しむ

札幌丘珠空港
JR札幌駅（JRタワー）
すすきの方面
さっぽろテレビ塔
豊平川
中島公園
札幌市中央図書館
豊平川
もいわ山頂展望台

もいわ山頂駅の山頂展望台から北東側を望む。ちょうど市街中心部が望める角度だ。豊平川や中島公園、北側にはすすきのや、さっぽろテレビ塔、JR札幌駅(JRタワー)などを望むことができる。

Check Point

季節の見どころ

MOIWA

春の訪れが遅い北海道。GWの時期にちょうど桜が楽しめる。写真は冬のミニケーブルカーだが、冬の晴天時も空気が澄んで美しい景色が楽しめる。

ロープウェイ情報

営通年 時10時30分～21時30分（冬期11時～）休無休（12月31日休）料往復2100円（ロープウェイ＋ミニケーブルカー）

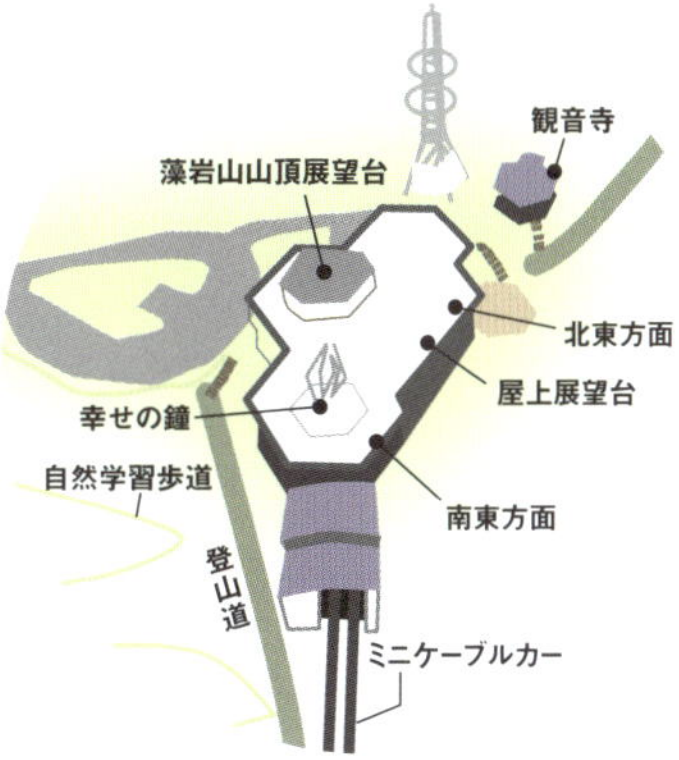
観音寺
藻岩山山頂展望台
北東方面
屋上展望台
幸せの鐘
自然学習歩道
南東方面
登山道
ミニケーブルカー

絶景ポイントへのアクセス

札幌市電の最寄り停留所からは歩き、一方、駐車場は山麓駅前にある。中腹駅でロープウェイからミニケーブルカーに乗り継ぎ、展望台は山頂駅の上にある。

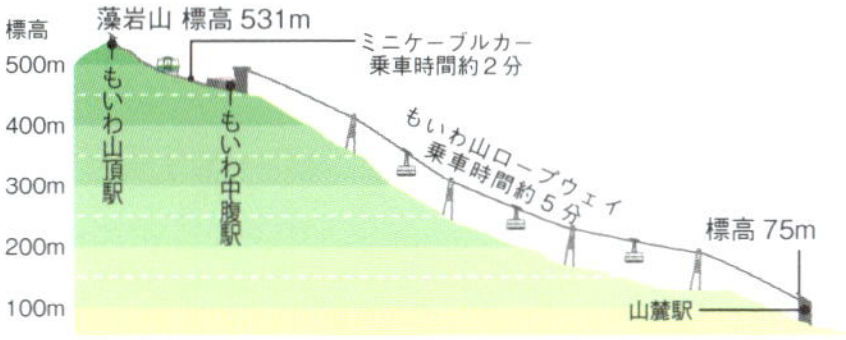
標高
500m
400m
300m
200m
100m
藻岩山 標高 531m
もいわ山頂駅
もいわ中腹駅
ミニケーブルカー
乗車時間約２分
もいわ山ロープウェイ
乗車時間約５分
標高 75m
山麓駅

２つの乗り物に乗って山頂へ

ロープウェイ入口電停 …… 徒歩 10分 …… もいわ山麓駅 …… ロープウェイ 5分 …… もいわ中腹駅 …… ミニケーブルカー 2分 …… もいわ山頂駅

立ち寄りGuide

冬季オリンピック札幌大会の舞台へ

N
0
600
m
琴似
西28丁目
大通
西18丁目
地下鉄東西線
円山公園
西15丁目
すすきの
2 大倉山ジャンプ競技場
円山動物園
札幌市中央区
西線6条
西線9条旭山公園通
円山
標高225m
西線11条
札幌市電
ロープウェイ入口
西線14条
1 旭山記念公園
西線16条
札幌もいわ山ロープウェイ山麓駅
P
平岸
電車事業所前

市内の移動は札幌市電の利用が便利

おすすめ周遊コース
1 旭山記念公園 → 2 大倉山ジャンプ競技場

1 旭山記念公園

施設から3km

整備された展望公園があり、藻岩山とは異なる眺望が楽しめる。また野鳥や花の宝庫として知られ、定期的に野鳥観察会が開かれている。駐車場の開場時間6～22時、無料

2 大倉山ジャンプ競技場

施設から5.4km

選手も使用するリフトに乗り山頂へ行くと、ジャンプ台越しに市街が一望できる。ミュージアムもあり。☎011-641-8585 時8時30分～18時 休不定休 料1000円（リフト料金）

洞爺湖と昭和新山の美景を楽しむ

Usuzan Ropeway

有《う》珠《す》山《ざん》ロープウェイ

北海道 ｜ 壮瞥町《そうべつちょう》 ｜ 540 m ｜ all season

左に洞爺湖
右に昭和新山
の眺望が

山頂駅に隣接してMt.USUterraceが設けられる。美景を望むまさに〝特等席〟だ。

2022年に誕生した〝特等席〟で絶景を満喫

洞爺湖と内浦湾にはさまれるようにそびえる有珠山（標高737m）の中腹まで登るのが有珠山ロープウェイだ。有珠山は活火山で山頂駅から徒歩7分ほどで噴火の痕跡を望む火口原展望台へ行くことができる。

この有珠山ロープウェイの山頂駅横に設けられたのが「Mt.USUTerrace」。展望デッキがあり、そこには90席のソファが用意されている。こちらのテラスからは眼下に洞爺湖と昭和新山が望める。カフェスタンドもありドリンクや軽食を味わいながら眺望が楽しめる最高の〝特等席〟といえるだろう。

Data

- 北海道有珠郡壮瞥町字昭和新山184-5
- 0142-75-2401
- 道央自動車道・伊達ICから約10km Ⓟ400台
- 洞爺湖バスターミナルからバスで約23分

Check Point

季節の見どころ

春は５月、洞爺湖を背に桜が花咲く景色が楽しめる。夏の朝は雲海が出現しやすいのでこちらも要チェックだ。

ロープウェイ情報

営通年 時8時15分～17時30分（季節で上り下りともに変更あり）休無休料往復2000円

ソファーで
ゆっくり
寛ぎタイム

1 Mt.USUTerraceのソファのちょうど前に洞爺湖が見える。2 プライベートシートもありひと目を気にせずくつろげる。

絶景ポイントへのアクセス

テラスは駅そば、火口原はやや歩く

山麓駅前の駐車場は広いので駅までの距離に差がある。人気のMt.USUTerraceは山頂駅前で便利。一方の火口原展望台は階段の上り下りがある。

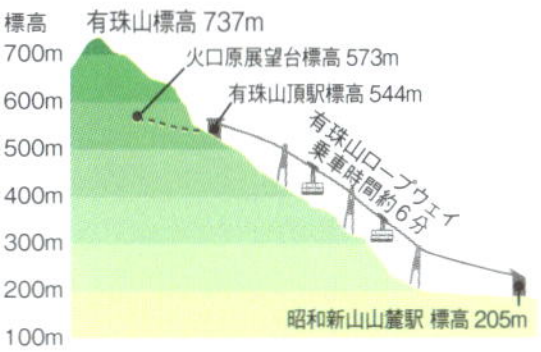
標高
700m
600m
500m
400m
300m
200m
100m
有珠山標高 737m
火口原展望台標高 573m
有珠山頂駅標高 544m
有珠山ロープウェイ
乗車時間約６分
昭和新山山麓駅 標高 205m

山頂駅 ……ロープウェイ 6分…… ロープウェイ山麓駅 ……車 10分…… 道道519号・道道981号交差点 ……車 10km…… 道央道・伊達IC

3 Mt.USUTerraceにはカフェも。地元の食材を使ったメニューを用意。4 スムージーとおやまのホットサンドがお勧め。5 昭和新山の眺望もお見逃しなく。

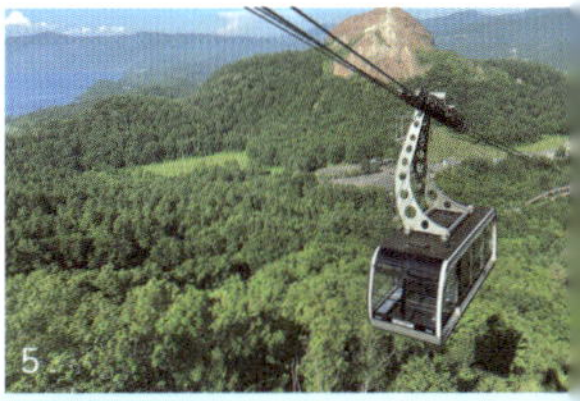

立ち寄りGuide

風光明媚な洞爺湖温泉を訪ねたい

① 有珠山ジオパーク 火山村情報館

ジオパーク
火山村
情報館

施設周辺

山麓駅隣りにあり登る前にぜひ立ち寄りたい施設だ。有珠山や昭和新山の成り立ちを分かりやすく解説する。
☎0142-75-2401
時8～18時休不定休料無料

② 洞爺湖温泉

施設から6km

洞爺湖畔に温泉宿が集う洞爺湖温泉。有珠山の噴火活動で生まれた温泉で1917年に発見された。湖畔に足湯施設もある。☎0142-75-2446（洞爺湖温泉観光協会）

長万部
230
虻田洞爺湖 IC
洞爺
② 洞爺湖温泉
洞爺湖
壮瞥町
① 洞爺湖有珠山ジオパーク火山村情報館
有珠山
標高 737m
洞爺湖町
長万部
昭和新山
標高 398m
有珠山頂
昭和新山
有珠山ロープウェイ
道央自動車道
有珠
453
37
519
981
室蘭本線
伊達IC
内浦湾
伊達市
苫小牧
伊達紋別
東室蘭
N
0
2km

大雪山系の大眺望に包まれて

Daisetsuzan Asahidake Ropeway

大《だい》雪《せつ》山《ざん》旭《あさひ》岳《だけ》ロープウェイ

北海道 | 東川町

残雪が残る
初夏の風景も
またお勧め
第1展望台からの眺め。
天気が良い日は上川盆地が一望できる。

北海道の最高峰・旭岳を眺めながら絶景散歩を

旭岳は大雪山系の主峰で、火山活動を続ける活火山でもある。標高2291mで、北海道で最も高い山だ。北海道のシンボル的存在の名山だが、ロープウェイのおかげで誰もが気軽に、雄大な姿にふれることができる。

山麓駅からロープウェイで一気に標高1600mの姿見駅へ。姿見駅から散策路が延びる。姿見平の散策路は1周1・7㎞で約1時間の道のり。真正面に旭岳を、眼下に上川盆地を眺めながら散策が楽しめる。高山植物が咲き誇る夏、紅葉が美しい秋はもちろん、白銀の世界となる冬も訪れることができる。

Data

- 北海道上川郡東川町旭岳温泉
- 0166-68-9111
- 道央自動車道・旭川北ICから約50㎞ P150台
- JR函館本線・旭川駅からバスで約1時間50分、旭岳下車

Check Point

季節の見どころ

夏は高山植物の宝庫。エゾノツガザクラやチングルマ、エゾコザクラなどが可憐な花を咲かせる。見頃は7月。

ロープウェイ情報

営通年 休無休(5月、11〜12月にメンテナンス休あり) 時9〜17時 料往復2600円(6〜10月は3500円)

絶景ポイントへのアクセス

散策コース一周 約1時間ほど

山頂の姿見駅前に展望スポットの点在する姿見平が広がる。上り下り階段のある小道が続く。体力に合わせて遊歩道のコースを選びたい。

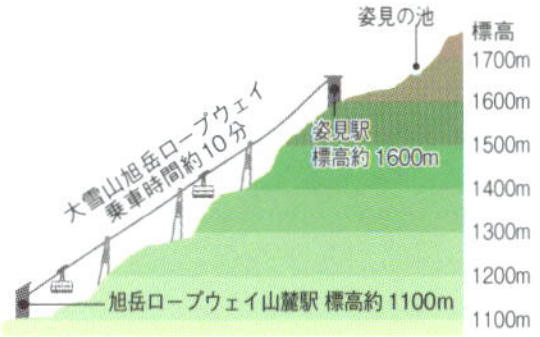
姿見の池
標高
1700m
1600m
1500m
1400m
1300m
1200m
1100m
大雪山旭岳ロープウェイ
乗車時間約10分
姿見駅
標高約1600m
旭岳ロープウェイ山麓駅 標高約1100m

姿見展望台	徒歩……約30分	第1展望台	徒歩……約5分	姿見駅	ロープウェイ……10分	山麓駅	車……50km	道央道・旭川北IC

姿見の池に映る旭岳の姿

1 姿見の池越しに旭岳を望む。今も噴煙を上げる荒々しい山容は迫力のひと言。
2 展望台には野鳥の案内板を設置。

3 山頂の姿見駅の売店では「お山のコロッケ」320円などを用意。4 大雪山国立公園の自然の解説も姿見駅構内で行われる。5 山麓駅の姿見食堂では、「東川産野菜カレー」1370円が人気。

立ち寄りGuide

地元土産の購入にお勧めの道の駅

1 七色の噴水

施設から14km

忠別ダムの東、フクロウ池にある噴水。自然湧出する旭岳源水を、高低差を利用して導き、高さ14.8mにまで自噴させている。天候や時間帯により虹が出現することも。

2 道の駅ひがしかわ「道草館」

施設から30.6km

地元で採れた新鮮な野菜や特産品、北海道のお土産などが買える道の駅。ソフトクリームが人気。
☎0166-68-4777
時9〜18時（季節により変動する）
休年末年始

旭川北IC
比布
名寄
上川
道央自動車道
北永山
永山
39
40
宗谷本線
当麻
桜岡
石北本線
東旭川
旭川市
愛山上川IC
安足間
上川
旭川・紋別自動車道
上川層雲峡IC
当麻町
上川町
2 道の駅ひがしかわ「道草館」
旭川
旭川空港
東神楽町
西聖和
千代ヶ岡
北美瑛
富良野線
美瑛
237
美馬牛
富良野
北海道
東川町
大雪山旭岳ロープウェイ
山麓駅
忠別湖
1 七色の噴水
美瑛町
N
0
4km

大雪山系の眺望が目の前に広がる

Daisetsuzan Sounkyo Kurodake Ropeway

大雪山層雲峡 黒《くろ》岳《だけ》ロープウェイ

北海道 | 上川町 | 1520m | all season

北海道の
山景色の
魅力満載

黒岳駅の屋上にあるネイチャーテラス。イスに腰かけゆっくり眺望が楽しめる。

ロープウェイ&リフトで七合目を目指したい

北海道の中央部に位置する大雪山。複数の山々により構成される大雪山の山系の中で黒岳は北東側に位置する。

層雲峡温泉街の上にロープウェイの山麓駅、層雲峡駅がある。ここから乗車7分で山頂駅にあたる黒岳駅に到着する。

同駅の屋上にネイチャーテラスが設けられた。このテラスからは北側に層雲峡と取り巻く山々、南側には大雪山系の山の一つ黒岳の眺めが楽しめる。黒岳駅からリフトを使えば、標高1520mの七合目まで15分で登ることができ、黒岳駅とは異なる眺望が楽しめる。

Data

- 北海道上川郡上川町層雲峡
- 01658-5-3031
- 旭川紋別自動車道・上川層雲峡ICから約22km　P60台
- JR石北本線・上川駅から層雲峡へバスで約30分

Check Point

季節の見どころ

黒岳の紅葉は８月下旬から。約１カ月かけて層雲峡の山麓まで降りてくる。また高山植物の見ごろは６月から８月。

ロープウェイ情報

営通年 時６時～18時 休無休（整備運休あり） 料往復3900円（ロープウェイのみ往復3000円）

絶景ポイントへのアクセス

黒岳駅屋上のネイチャーテラスへ

山麓の層雲峡駅は駐車場の目の前。ロープウェイで登った黒岳駅の屋上（４階）にネイチャーテラスがある。エレベーターはなく階段の上り下りが必要に。

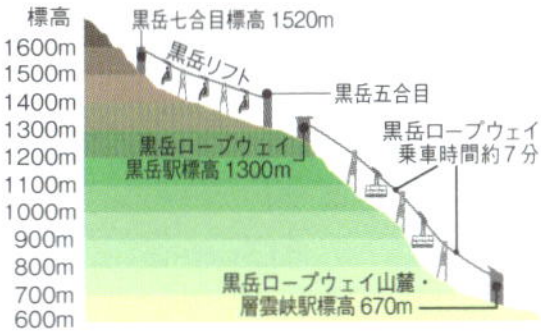
標高
1600m
1500m
1400m
1300m
1200m
1100m
1000m
900m
800m
700m
600m
黒岳七合目標高 1520m
黒岳リフト
黒岳五合目
黒岳ロープウェイ
黒岳駅標高 1300m
黒岳ロープウェイ
乗車時間約７分
黒岳ロープウェイ山麓・
層雲峡駅標高 670m

黒岳七合目 …… リフト 15分 …… 黒岳駅 …… ロープウェイ 7分 …… 層雲峡駅 …… 車 22km …… 旭川紋別道・上川層雲峡IC

黒岳が
眼前に
そびえる！

1 黒岳駅のネイチャーテラスの南側には黒岳ほか大雪山系が見える。2 北東側には早朝、見事な雲海が広がる日もある。

3 黒岳駅の「ともちゃん食堂」は黒岳からあげ丼1300円などメニューも豊富。4 七合目から見る眺望も素晴らしい。5 山麓の層雲峡温泉駅３階にColumbia Field Storeがありコーヒーも楽しめる。

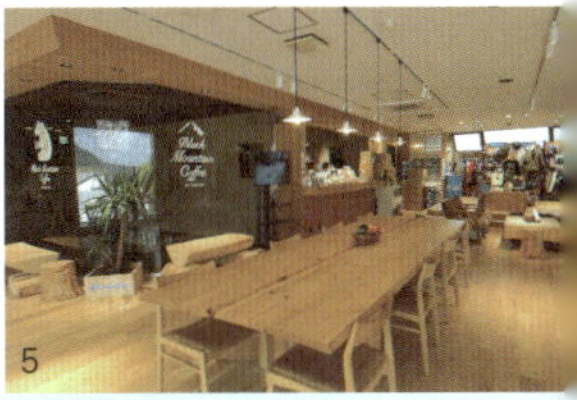

立ち寄りGuide

銀河の滝、流星の滝はぜひ訪ねておきたい

① 層雲峡温泉 黒岳の湯

施設周辺

層雲峡温泉の日帰り施設「黒岳の湯」。２つの大浴場と３階に露天風呂があり弱アルカリ性高温泉が楽しめる。☎01658-5-3333 時10時～21時30分（変更あり） 休不定休 料600円

② 銀河の滝・流星の滝

施設から3.5km

層雲峡随一の景勝地。流星の滝が約90m、銀河の滝が約120mという落差を流れ落ちる。対岸に駐車場があり滝を仰ぎ見ることができる。☎01658-2-1811（層雲峡観光協会）

流星の滝

銀河の滝

273
333
遠軽
石北本線
旭川
上川
333
旭川・紋別自動車道
上川層雲峡 IC
北海道
上川町
39
② 銀河の滝
流星の滝
① 層雲峡温泉
黒岳の湯
北見
大雪山層雲峡
黒岳ロープウェイ

港町の大展望がワイドに広がる

Hakodateyama Ropeway

函《はこ》館《だて》山《やま》ロープウェイ

函館山山頂展望台

北海道 | 函館市 | 334m | all season

山頂の展望台から絶景満喫

山頂展望台の屋上に出れば市街と函館湾など、大展望が目の前に広がる。

多くの船が浮かぶ港町 夜景にも魅了される

道南の中心都市、函館市。江戸時代末期に北海道の開発がここから始まり、今は一年を通して観光客が絶えない。

函館市街の南にそびえる函館山。南部坂を登ればロープウェイの山麓駅があり、乗車約3分で山頂駅へ到着する。

山頂駅には屋上展望台があり、眼下に市街を望むことができる。観光写真等でおなじみの風景だが、広がる展望に息を飲む。山頂駅を出た広場からは函館湾が一望のもと。津軽海峡も望むことができる。山頂展望台には飲食施設もあり、展望を楽しみながらのひと時が過ごせる。

Data

- 北海道函館市元町19-7
- 0138-23-3105
- JR函館本線・函館駅から車で約1.9km P近隣に有料駐車場あり
- 函館市電・十字街電停から徒歩約10分

屋上展望台と山頂展望台から函館の美景をたっぷりと

入港待ちの
大小の船が
港に浮かぶ
1

4

3

2

1 山頂広場から望む函館湾。大小の船が湾内に浮かぶ。2 市街の展望が楽しめるティーラウンジ。3 山頂展望台内にはレストランジェノバがあり、ランチ・ディナーを用意。4 山頂展望台内には山頂ショップも設けられる。

漁火公園

山頂駅の東側、漁火公園からは津軽海峡が一望できる。暮れなずむ時間には漁船の漁火が海上に浮かぶ風景も楽しめる。

山頂広場

函館山

眼下に函館湾を望む山頂広場。伊能忠敬ら多くの偉人が訪れたことを示す史跡もこの広場内にある。

屋上展望台

山頂展望台にある屋上展望台。26ページの市街を望む展望スペースに加え、やや上から望むスペースも用意される。

山頂から見た函館港町の大パノラマ

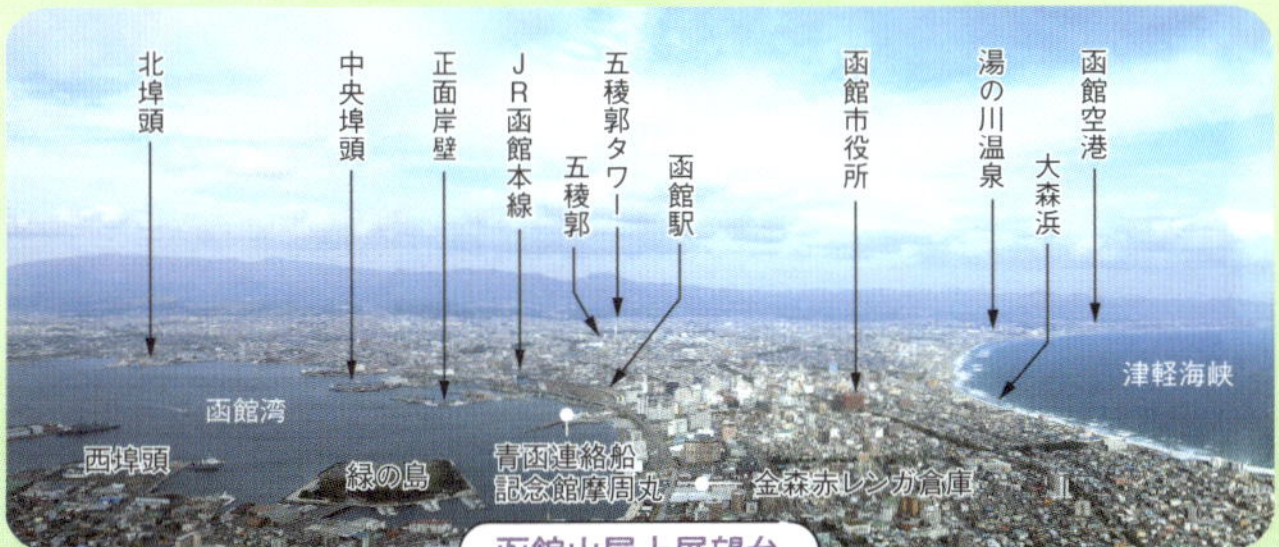
北埠頭
中央埠頭
正面岸壁
JR函館本線
五稜郭タワー
五稜郭
函館駅
函館市役所
湯の川温泉
大森浜
函館空港
津軽海峡
函館湾
西埠頭
緑の島
青函連絡船
記念館摩周丸
金森赤レンガ倉庫
函館山屋上展望台

屋上展望台から見た函館市街の風景。左が函館湾、右が津軽海峡で、中央に赤レンガ倉庫や函館駅がある。左手、函館湾には複数の埠頭があり、青函フェリーなど停泊する姿を見ることができる。

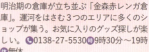

Check Point

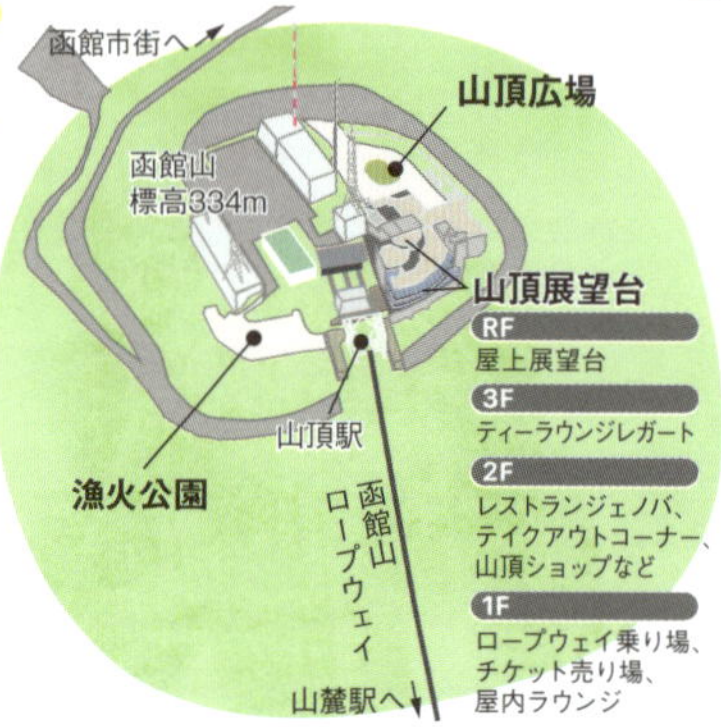
函館市街へ
函館山
標高334m
山頂広場
山頂展望台
RF
屋上展望台
3F
ティーラウンジレガート
2F
レストランジェノバ、テイクアウトコーナー、山頂ショップなど
1F
ロープウェイ乗り場、チケット売り場、屋内ラウンジ
山頂駅
漁火公園
函館山ロープウェイ
山麓駅へ

季節の見どころ

春は新緑、秋は紅葉と四季の魅力を秘めるが、夜景が最も楽しめるのが冬期。冬の晴天日は空気が澄み、展望がより鮮明に。もちろん防寒着は必須だ。

ロープウェイ情報

営 通年 時10〜22時（10月1日〜4月19日は〜21時）休無休
料往復1800円

絶景ポイントへのアクセス

山頂駅はエレベーターも付き屋上展望台への移動もらく。展望台の外に山頂広場、漁火公園がある。一方、山麓駅は傾斜地にあるため、上り下りが必要に。

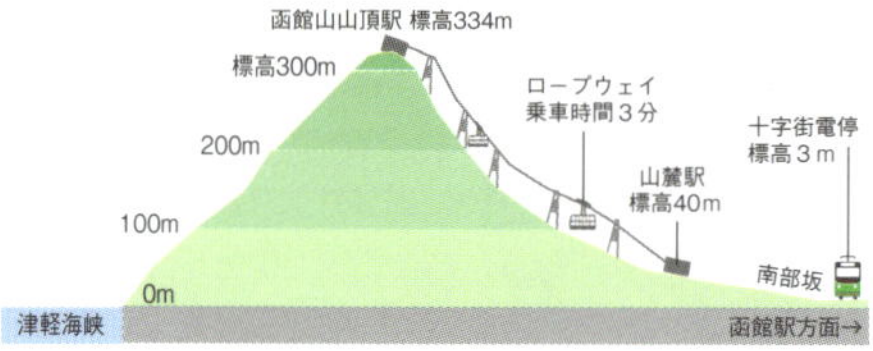
函館山山頂駅 標高334m
標高300m
200m
100m
0m
ロープウェイ
乗車時間３分
山麓駅
標高40m
十字街電停
標高３m
南部坂
津軽海峡
函館駅方面→

山頂駅前と駅上に3つのポイントが

函館山山頂駅 …… ロープウェイ 3分 …… 山麓駅 …… 徒歩 10分 …… 十字街電停 …… 市電 6分 …… JR函館本線・函館駅

立ち寄りGuide

市電での函館の街めぐりがスムーズ！

JR函館本線
新函館北斗
函館
青函連絡船
記念館摩周丸
函館湾
2 函館朝市
278
函館駅前
五稜郭
市役所前
函館市役所
1 金森赤レンガ倉庫
末広町
函館ドック前
魚市場通
函館市電本線
5
函館市
二十間坂
南部坂
十字街
十字街
函館市電宝来・谷地頭線
函館山ロープウェイ
P
山頂駅
山麓駅
宝来町
谷地頭
0 200m
N
津軽海峡

函館市電は市内観光にも便利！

1 金森赤レンガ倉庫

施設から0.9km

明治期の倉庫が立ち並ぶ「金森赤レンガ倉庫」。運河をはさむ3つのエリアに多くのショップが集う。お気に入りのグッズ探しが楽しい。☎0138-27-5530 時9時30分〜19時 休無休

2 函館朝市

施設から1.6km

函館朝市

約250軒の飲食店や土産物屋が軒を連ねる函館朝市。新鮮な魚介類がたっぷりで見て買って食べて楽しめる。☎0138-22-7981（協同組合連合会）時5〜14時頃 休無休

おすすめ周遊コース

1 金森赤レンガ倉庫 → 2 函館朝市

見渡すみちのくの山々が魅力に

Appi Gondola

安比《あっぴ》ゴンドラ

岩手県 | 八幡平市 | 1304 m | green season

赤く染まる
樹木が
みごと！

ゴンドラの先に前森山が見える。
10月頃から樹木が色づき始める。

標高１３０４ｍの前森山の山頂を目指す

岩手県の八幡平《はちまんたい》に広がる安比高原。冬期はビッグゲレンデが広がり、夏期は緑が茂り高山植物が花咲く地となる。

ピークは前森山１３０４ｍで、安比ゴンドラに乗れば約15分で、山頂駅へ到着する。

山頂部の「ＡＰＰＩ１３０４」には整備された散策路があり、途中には雲海が楽しめるデッキや、高山植物園、３６０度の展望が楽しめる山頂デッキなどが設けられている。眼下に望む展望は広大そのもの。はるか下に東北自動車道のうねる道筋が見えるなど、まるでジオラマ模型の世界を見るかのようだ。

Data

- 岩手県八幡平市安比高原117-1
- 0570-029-511
- 東北自動車道・松尾八幡平ICから約13km P7000台
- JR花輪線・安比高原駅から約3.3km

さまざまな施設で楽しめる 山頂の「APPI1304」

息をのむ
みちのく
大絶景！
1

6

5

4

3

APPI
2

1 広々したUNKAI デッキからは眼下にパノラマが楽しめる。2 UNKAI デッキに立つAPPI のロゴ入り看板。3 木造りのUNKAI デッキへは階段で登る。4 山頂にはサウナ「SAUNA1304」もある。5 飲み物や軽食が楽しめるゴンドラ駅内の山頂ギャラリーカフェ。6 APPI RESORT CENTER 内の「LITTLE RABIT」のソフトクリームも人気。

岩手山デッキ

山頂部の南側にある岩手山デッキ。木造りのデッキから標高2038mの岩手山や山麓の美しい風景が正面に見える。

山頂デッキ

UNKAIデッキからやや登る山頂デッキが標高1304mの前森山のピークだ。ベンチのあるデッキや天空ブランコもある。

UNKAIデッキ

安比高原の雲海の発生率はなんと73%と高め。UNKAIデッキからは見事な雲海を楽しめる。特に早朝がおすすめ。

細野地区
東北自動車道
JR 花輪線
ANA ホリデイ・インリゾート安比高原
安比温泉 白樺の湯
遊々の森
APPI RESORT CENTER
ドッグラン
安比ゴンドラ山麓駅
APPI 1304「UNKAIデッキ」

デッキの前に広がる八幡平の展望パノラマ

安比高原のベースエリアやホテルはもちろん、地元・八幡平市の細野地区を貫く東北自動車道。また高低さまざま、やさしい山姿の八幡平の山々が見渡せる。朝方に雲海が楽しめる日もある。

Check Point

季節の見どころ

初夏は新緑、晩秋は紅葉が見どころに。山頂駅前には高山植物園があり、山の草花が楽しめる。またテラス1304（写真）も季節それぞれ花々が楽しめる。

ゴンドラ情報

営7月5日～11月3日 時6～15時（上り最終） 休不定休（HP参照） 料往復2500円

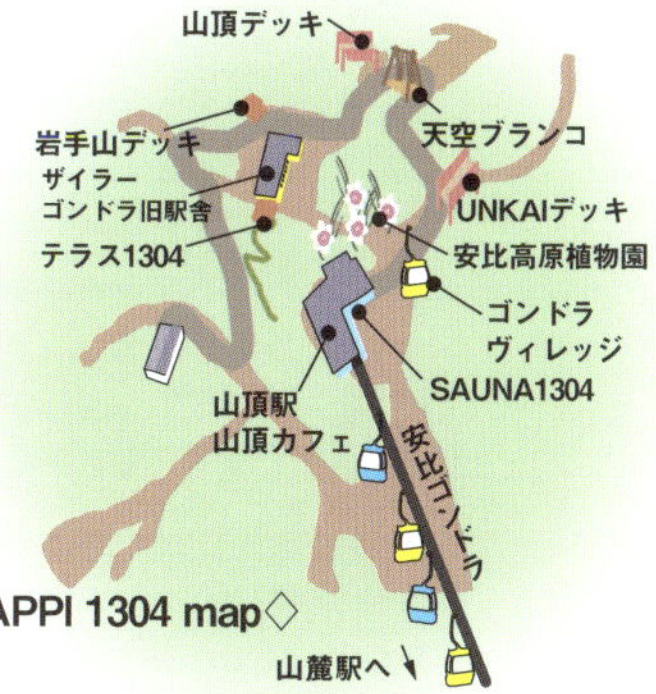
山頂デッキ
天空ブランコ
岩手山デッキ
ザイラー
ゴンドラ旧駅舎
UNKAIデッキ
テラス1304
安比高原植物園
ゴンドラ
ヴィレッジ
SAUNA1304
山頂駅
山頂カフェ
安比ゴンドラ
山麓駅へ

◇APPI 1304 map◇

絶景ポイントへのアクセス

駅から山頂へは徒歩5分ほど

山頂駅前のAPPI1304は、緩やかな傾斜地にあり、UNKAIデッキは2分、山頂デッキへは7分ほど登る。各デッキを1周する遊歩道があり15分ほどで山頂駅に戻れる。

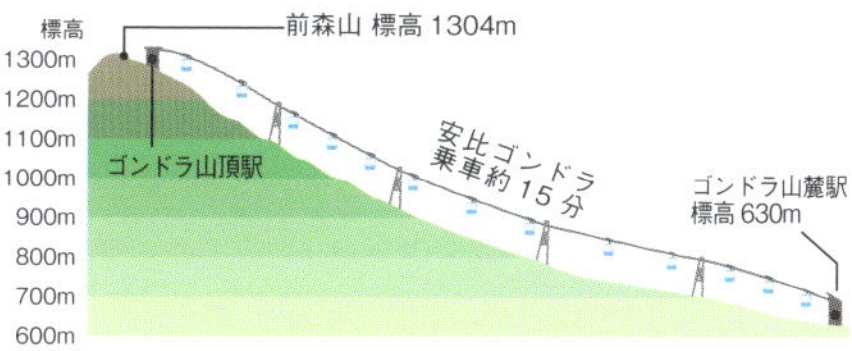
標高
1300m
1200m
1100m
1000m
900m
800m
700m
600m
前森山 標高 1304m
ゴンドラ山頂駅
安比ゴンドラ
乗車約15分
ゴンドラ山麓駅
標高 630m

東北道・松尾八幡平IC …… 車 13km …… 安比高原駐車場 …… 徒歩 3分 …… ゴンドラ山麓駅 …… ゴンドラ 15分 …… ゴンドラ山頂駅

立ち寄りGuide

日帰り温泉&高原ドライブはいかが

鹿角・八戸
鹿角
安比高原
0 1km
まきばの釣り堀
安比高原牧場
JR 花輪線
山麓駅
安比ゴンドラ★
1 白樺の湯
岩手県
八幡平市
282
東北自動車道
前森山
標高1304m
山頂駅
盛岡
松尾八幡平
松尾八幡平IC
2 八幡平アスピーテライン
盛岡

ホテル前の恐竜エリアにも注目！

① 安比温泉 白樺の湯

施設周辺

安比高原の諸施設に隣接する日帰り湯。ブナの森に包まれた露天風呂と、日本最大級の大型サウナが魅力だ。☎0195-73-6060 時13～22時 休無休 料1200円（タオル無し）

② 八幡平アスピーテライン

施設から16km

八幡平を東西に横切る県道23号は「八幡平アスピーテライン」の名前で親しまれる。4月中旬から11月上旬まで通行可能、雪の回廊と呼ばれる春の景色は一見の価値ありだ。

おすすめ周遊コース

① 安比温泉 白樺の湯 → ② 八幡平アスピーテライン

リゾートエリア蔵王と山形盆地を一望

Zao Ropeway / Zao Central Ropeway

蔵《ざ》王《おう》ロープウェイ
蔵《ざ》王《おう》中《ちゅう》央《おう》ロープウェイ

山形県 | 山形市 | 1661 m | all season

蔵王高原で
リラックス。
快感です！

樹氷高原駅に隣接する「百万人テラス」からは、四季折々のフォトジェニックな光景が堪能できる。

四季折々の大自然を余すところなく堪能する

東北有数のリゾートエリア・山形蔵王には蔵王温泉エリアから山頂方面に向けて2つのロープウェイがほぼ並行して架かる。

南側の「蔵王ロープウェイ」は、蔵王山麓駅～樹氷高原駅間の山麓線、樹氷高原駅～地蔵山頂駅間の山頂線の2路線を運行。蔵王自然植物園、蔵王地蔵尊などの観光名所や蔵王連山にアクセスする。乗り継ぎ駅にあたる樹氷高原駅は標高1331m。徒歩5分ほどのところに百万人テラスが設けられている。

一方、北側に並行する「蔵王中央ロープウェイ」は温泉駅～鳥兜駅《とりかぶとえき》間を結ぶ。山頂の鳥兜駅は標高1387m。駅からは高原の景勝地・ドッコ沼などにアクセスできる。鳥兜駅の「霧氷テラス」などから望む蔵王高原の眺望もまた素晴らしい。

大眺望を楽しんだ後は麓の蔵王温泉へ。地元の味や蔵王の名湯で寛ぎタイムを楽しみたい。

蔵王
ロープウェイ
Guide

ロープウェイで中腹&山頂へ 百万人テラスの眺望に大満足

山並みに
沈む夕陽が
美しい

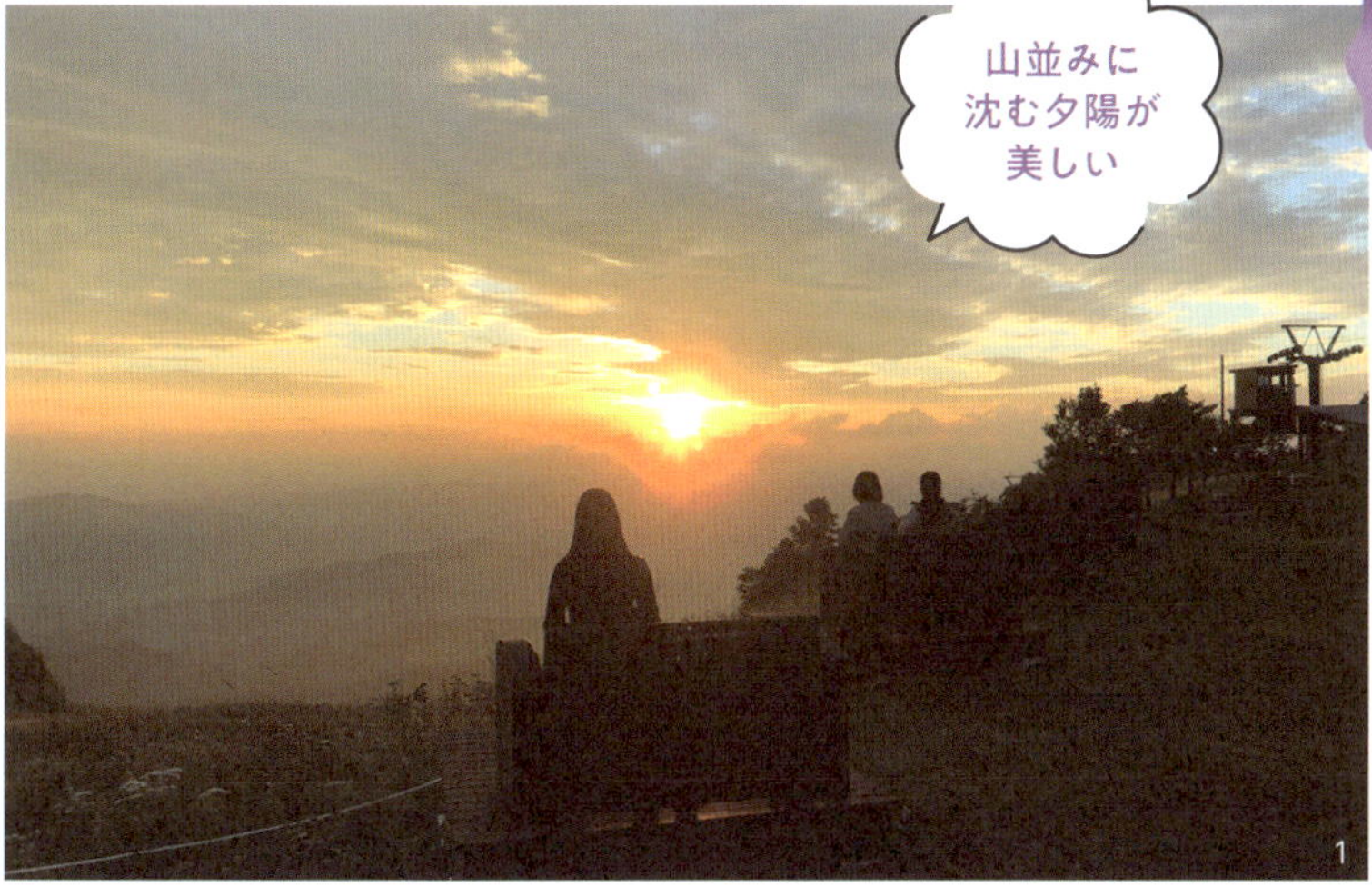
1

4

3

2

1 地蔵山頂展望台。朝日連峰に沈む夕陽を堪能したい。2 山々を守り続ける蔵王地蔵尊。夜間にはライトアップ。
3 地蔵山頂駅周辺には「いろは沼」などハイキングに最適な場所も。4「ユートピアテラスミニ」のブランコ。

Check Point

Data

- 山形県山形市蔵王温泉229-3
- 023-694-9518
- 山形自動車道・山形蔵王ICから17.4km
- P 200台
- JR山形新幹線・山形駅からバスで約45分

季節の見どころ

蔵王の紅葉は例年9月下旬から木々が色づく。10月上旬が見ごろだが、山頂の天候は変わりやすいので、防寒防雨対策を忘れずに。

ロープウェイ情報

営 通年 時 山麓線8時30分～17時。山頂線8時45分～16時45分 休 無休 料 往復4200円（蔵王山麓駅～地蔵山頂駅間）

絶景ポイントへのアクセス

ビューポイント「百万人テラス」は2つのロープウェイの乗り継ぎ駅・樹氷高原駅から徒歩約5分の距離。蔵王地蔵尊は地蔵山頂駅のすぐ近くに祀られる。

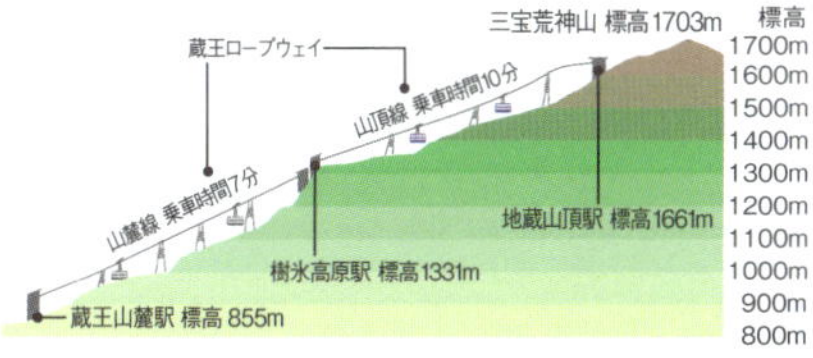
三宝荒神山 標高1703m
標高
蔵王ロープウェイ
山頂線 乗車時間10分
山麓線 乗車時間7分
地蔵山頂駅 標高1661m
樹氷高原駅 標高1331m
蔵王山麓駅 標高 855m
1700m
1600m
1500m
1400m
1300m
1200m
1100m
1000m
900m
800m

雄大な樹林帯を心ゆくまで満喫

山形道・山形蔵王IC …… 車 17.4km …… 蔵王山麓駅 …… ロープウェイ 7分 …… 樹氷高原駅 …… ロープウェイ 10分 …… 地蔵山頂駅

蔵王中央ロープウェイ Guide

蔵王中央高原で紅葉&自然散策を

霧氷テラスに
広がる眺望に
うっとり
1

5

4

3

2

開運の鐘

1 鳥兜駅に設けられた樹氷テラスから見下ろす山並みが絶景だ。2 鳥兜展望台の「開運の鐘」。3 鳥兜駅に併設のおしゃれな「SORAMADO cafe 1387-ISAHANA」。4 カフェで一番人気の「山形牛サンド」1680円。5 鳥兜駅から徒歩15分のドッコ沼。エメラルドグリーンに輝く水面は時間帯によってその表情を変える。

Check Point

Data

- 山形県山形市蔵王温泉940-1
- 023-694-9168
- 山形自動車道・山形蔵王ICから17.4km
- P 150台
- JR山形新幹線・山形駅からバスで約40分。蔵王温泉バスターミナルから徒歩5分

季節の見どころ

蔵王連峰の春は遅く、雪解けは5月中旬頃。新緑の季節は5月下旬となる。秋の紅葉シーズンは9月下旬から10月中旬頃が見ごろ。

ロープウェイ情報

営 通年 時 8時30分～17時(季節により変動あり) 休 無休 料 往復2400円

絶景ポイントへのアクセス

鳥兜駅構内の霧氷テラスからはドッコ沼方面が見渡せる。また鳥兜駅から鳥兜山頂展望台は徒歩約1分の距離。敷地内の「開運の鐘」にも立ち寄りたい。

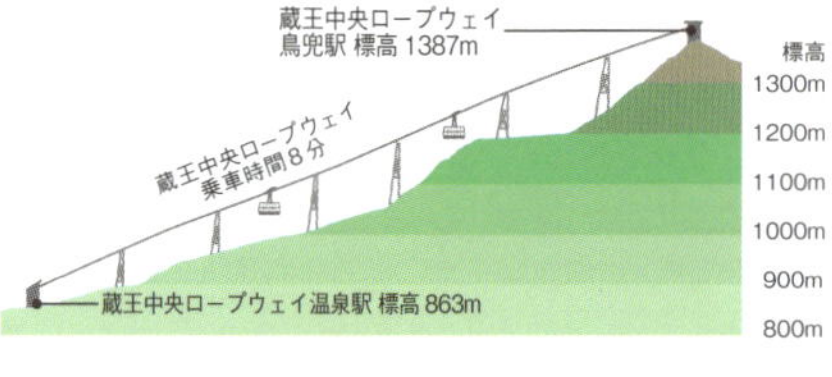
蔵王中央ロープウェイ
鳥兜駅 標高 1387m
蔵王中央ロープウェイ
乗車時間８分
蔵王中央ロープウェイ温泉駅 標高 863m
標高
1300m
1200m
1100m
1000m
900m
800m

高原樹林帯の散策コースは見どころ満載

山形道・山形蔵王IC
車 …… 17・4km
温泉駅
ロープウェイ …… 8分
鳥兜駅
徒歩 …… 1分
鳥兜展望台

立ち寄りGuide

東北有数の リゾートエリアを回遊する

❶ 蔵王温泉

温泉街のなか

東北地方屈指の名湯として知られており、その泉質（強酸性・硫黄泉）は温泉愛好家の評価も高い。蔵王温泉街には公共浴場が3軒営業。白濁した源泉が200円で楽しめる。

❷ 蔵王高湯わらべの里

温泉街から
4.1km

伝統的家屋や土蔵を展示館として復元した歴史資料館。山形の戦国武将・最上義光に関する展示物も充実。☎023-693-0093 時9～17時 休火曜 料800円

おすすめ周遊コース

❶ 蔵王温泉
↓
❷ 蔵王高湯わらべの里
↓
❸ 山形市野草園
↓
❹ 西蔵王公園

山形
天童
寒河江
山形蔵王IC
286
0
2km
山形新幹線（山形線）
112
13
山形自動車道
東北自動車道・村田JCT
蔵王
山形県
山形市
❹ 西蔵王公園
❸ 山形市野草園
山形JCT
山形上山IC
❷ 蔵王高湯わらべの里
蔵王中央ロープウェイ
❶ 蔵王温泉
13
東北中央自動車道
温泉
鳥兜
蔵王山麓
地蔵山頂
山形県
上山市
蔵王ロープウェイ
樹氷高原
地蔵岳
標高 1736m
米沢

玉こんにゃくが山形県民のソウルフード

❸ 山形市野草園

温泉街から
7.5km

蔵王山系を中心とした1200種以上の野草及び樹木が観察できる施設。☎023-634-4120 時9時～16時30分（最終入園16時）休月曜（祝日の場合はその翌日）、12～3月 料300円

❹ 西蔵王公園

温泉街から
9.5km

蔵王山系北西部の丘陵地にある県立公園で、展望台からは山形市街地が一望できる。夕方から夜にかけてはデートスポットとしても人気。ファミリー向けの遊具類も充実。

蔵王温泉街からは多種多様な観光施設にアクセスできる。路線バスでのアクセスが困難な場所もあるので、自動車やタクシーを併用したい。

四季折々に八甲田の大自然を満喫

Hakkoda Ropeway

八甲田《はっこうだ》ロープウェー

青森県 | 青森市 | 1314m | green season

1 屋上の展望デッキから見た眺望ウッドデッキと大岳や毛無岱(けなしたい)の眺望。2 屋上からは陸奥湾と青森市街の夜景も美しい。3 八甲田ゴードラインから眺める田茂萢湿原。

山頂での自然散策が楽しみ

ロープウェーは山麓と田茂萢《たもやち》岳山頂を結び、山頂公園駅の屋上から大岳を主峰とする八甲田山を一望できる。山頂には8の字形の八甲田ゴードライン（遊歩道）が整備され、30分~1時間で巡ることができる。

眺望ウッドデッキからは田茂萢湿原が広がる先に八甲田連峰を眺められる。散策路から登山道に入れば、酸ヶ湯温泉へ下りることもできる。

Data

青森県青森市荒川寒水沢1-12

017-738-0343

東北自動車道・青森中央ICから19km
P 350台

JR奥羽本線・青森駅からJRバスみずうみ号で約60分、ロープウェー駅前下車

立ち寄りGuide

施設周辺

酸ヶ湯温泉

江戸時代から続く湯治宿。名物のヒバ千人風呂は160畳の混浴大浴場(湯浴み着用可)。017-738-6400 時 混浴日帰り入浴7~18時(受付は~17時30分) 休 無休 料 1000円

Check Point

絶景ポイントへのアクセス

山頂公園駅からすぐのところに眺望ウッドデッキがあり、車椅子でも絶景を楽しめる。八甲田ゴードラインにはいくつもの展望台があるが、湿原の展望台へは徒歩15分ほど。

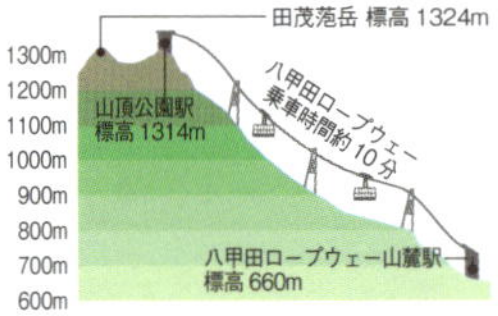
田茂萢岳 標高 1324m
1300m
1200m
1100m
1000m
900m
800m
700m
600m
山頂公園駅
標高 1314m
八甲田ロープウェー
乗車時間約 10分
八甲田ロープウェー山麓駅
標高 660m

山頂公園駅 ……ロープウェー 10分…… 山麓駅 ……車 19km…… 東北道・青森中央IC

季節の見どころ

八甲田の山々はブナやナラ、カエデ、ダケカンバなどが鮮やかな赤や黄色に色づく。例年9月下旬~10月中旬が見頃。(写真は前岳の紅葉)

ロープウェイ情報

営 5月中旬~10月下旬頃 時 9時~16時20分(冬季は~15時40分) 休 無休(11月8~13日メンテナンスのため休み) 料 往復2200円

関東の
Kanto
天空テラス
&展望台

日光白根山ロープウェイの天空カフェ。ランチに最適のポイントだ。

那須ロープウェイ P38
P40 日光白根山ロープウェイ
栃木県
P43 谷川岳ヨッホ by 星野リゾート
群馬県
茨城県
P46 筑波山ケーブルカー &ロープウェイ
御岳山ケーブルカー P48
埼玉県
大山ケーブルカー P49
東京都
P47 高尾山ケーブルカー
神奈川県
千葉県
P50 箱根ロープウェイ・箱根登山ケーブルカー
P54 鋸山ロープウェー
P53 箱根 駒ヶ岳ロープウェー

箱根ロープウェイの車内から望む富士山や大涌谷の風景は迫力満点。

広がる迫力満点の高原の風景

Nasu Ropeway

那《な》須《す》ロープウェイ

栃木県 | 那須町

1684m　green season

遠く
関東平野も
見渡せる

山頂駅から山麓駅や那須高原を望むことができる。
雲海が広がることも（左写真）。

登山は苦手。そんな方にお勧めの山上大展望

関東を代表する活火山、那須岳（茶臼岳）の9合目まで登れる那須ロープウェイ。まだ雪の残る早春から晩秋までの営業で、20分間隔で運行している。山麓駅から4分で山頂駅に到着。はるか麓に那須高原を見下ろし、約50分歩くと1915mの茶臼岳山頂にたどり着く。本格的な装備がなくても大丈夫だが、上り下りもあるので注意したい。

茶臼岳山頂からは360度の大パノラマが広がり、朝日岳などの那須の山々や会津の山々が一望できる。天候により眼下に雲海が広がる。頑張って登った満足感に満たされる。

Data

- 栃木県那須郡那須町湯本那須岳215
- 0287-76-2449
- 東北自動車道・那須ICから約18km Ⓟ163台
- JR東北新幹線・那須塩原駅からバス約1時間10分

Check Point

季節の見どころ

秋は那須連山の山々が赤や黄に染まり、絵画のような風景が広がる。また、夏に咲く高山植物の可憐な花も美しい。

ロープウェイ情報

営 3月中旬～12月初旬
時 8時30分～16時
休 無休
料 往復1800円

絶景ポイントへのアクセス

山頂駅＋茶臼岳の山頂を目指したい

山頂駅に展望台がある。駅から続く道の途中からも展望が楽しめる。茶臼岳山頂までは約50分。山麓駅の駐車場は、観光シーズンは混む。

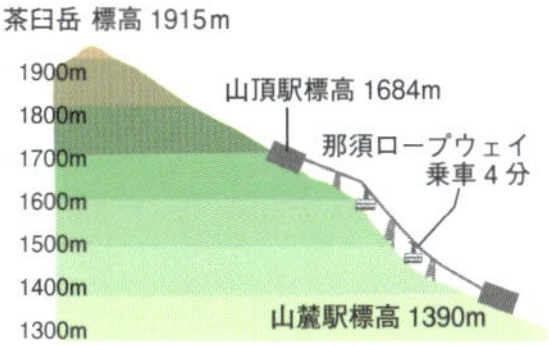
茶臼岳 標高 1915m
1900m
1800m
1700m
1600m
1500m
1400m
1300m
山頂駅標高 1684m
那須ロープウェイ
乗車４分
山麓駅標高 1390m

茶臼岳山頂 …… 徒歩 50分 …… 山頂駅 …… ロープウェイ 4分 …… 山麓駅 …… 車 18km …… 東北道・那須IC

山頂駅から那須岳を仰ぎ見る

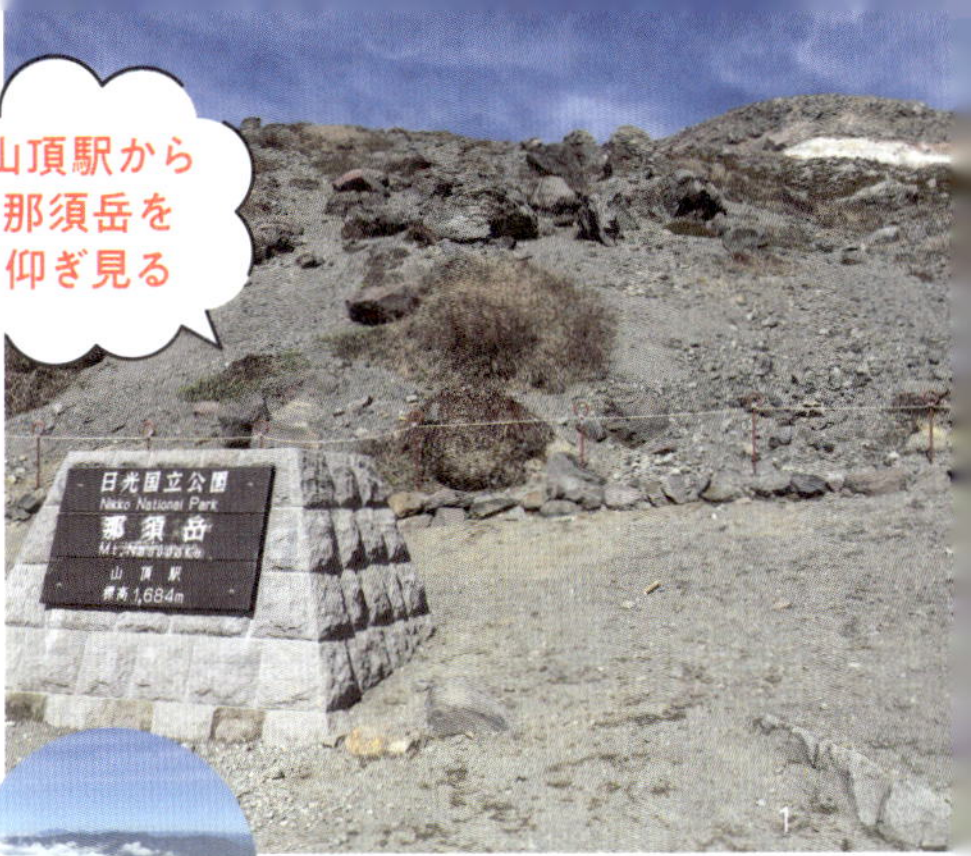
日光国立公園
Nikko National Park
那須岳
山頂駅
標高1,684m

1 標高 1684 mの山頂駅から那須岳（茶臼岳）を望む。2 1915 mの茶臼岳山頂からは 360 度の大展望が広がる。

3 売店は山麓駅と山頂駅にある。4 山頂駅舎を出るとすぐ展望台があり、那須市街、はるか先に関東平野を望める。山頂駅のテラスでお弁当を広げることもできる。

立ち寄りGuide

那須湯本は温泉や食事処が充実

1 青木屋

施設から5.7km

手打ちそばとうどんの店。香り高くのど越しのいいそばが評判。冷たいぶっかけそば1200円。☎0287-76-2651 時 11時～14時30分（麺がなくなり次第終了）休 月・水・金曜

2 鹿の湯

施設から5.5km

約1300年前の開湯といわれる那須温泉の元湯。41～48度の温度の違う6種の浴槽がある。泉質は単純酸性硫黄泉。☎0287-76-3098 時 8時～17時30分（受付終了）休 無休 料 500円

茶臼岳
標高1915m
山麓駅
那須ロープウェイ
17
那須高原
ビジターセンター
鹿の湯 2
青木屋 1
栃木県
21
68
那珂川
道の駅那須高原
友愛の森
白河
17
東北自動車道
那須IC
4
宇都宮
N
0
2km

標高2000m！丸沼高原の大眺望

Nikko-shiranesan Ropeway

日光白根山《にっこうしらねさん》ロープウェイ

群馬県 | 片品村 | 2000 m | green season

百名山を
眺めながら
“いい湯だな♪”

天空テラスにある足湯からはロープウェイと背後の四郎岳などを望むことができる。

百名山を一望できる天空テラス&足湯へ

標高1400mの山麓駅から8人乗りのキャビンに乗れば、高低差600mの山頂駅まで約15分。真夏でも涼しく過ごせる。山頂駅からすぐの「天空テラス」は、ウッドデッキのテラスにソファーを配し、鳥が翼を広げたような形で足湯が囲んでいる。のんびりと絶景を満喫するにはぴったりだ。

山頂の広場には高山植物が咲き誇るロックガーデンがあり、関東以北最高峰2578mの白根山の威容をバックに可憐な花を観賞できる。山麓のセンターステーションにもレストランやショップなどが充実している。

Data

- 群馬県利根郡片品村東小川4658-58
- 0278-58-2211
- 関越道・沼田ICから37km P1800台
- JR日光線・日光駅からバス1時間20分、湯元温泉で乗り換え37分、ロープウェイ下車

自然豊かな高原リゾート 眺望とアクティビティを満喫

迫力ある
白根山が
間近に
1

4

3

2

1 山頂エリアにはカフェ、レストランなどがあり、雄大な白根山を一望。2 天空カフェで人気の白根山バーガー。3 山頂にある二荒山神社から散策路が始まる。4 山麓エリアではサマーゲレンデなどのアクティビティが楽しめる。

座禅温泉

山麓のセンターステーション内にある日帰り温泉。サウナも併設。疲れを癒やそう。時13～18時 休不定 料800円

天空カフェ

天空テラスに隣接したカフェではランチメニューやスイーツ、ドリンクを味わいながら、白根山を眺めてくつろげる。

天空の足湯

平成の名水百選に認定された尾瀬の郷片品湧水群のひとつ、丸沼高原涼水を利用した足湯。散策の後に癒やされたい。

武尊山
唐沢山
天空テラス

日本百名山を遠望する天空テラス

晴れていれば燧ヶ岳から至仏山、武尊山、浅間山など2000m級の日本百名山を遠くに望むことができる。

Check Point

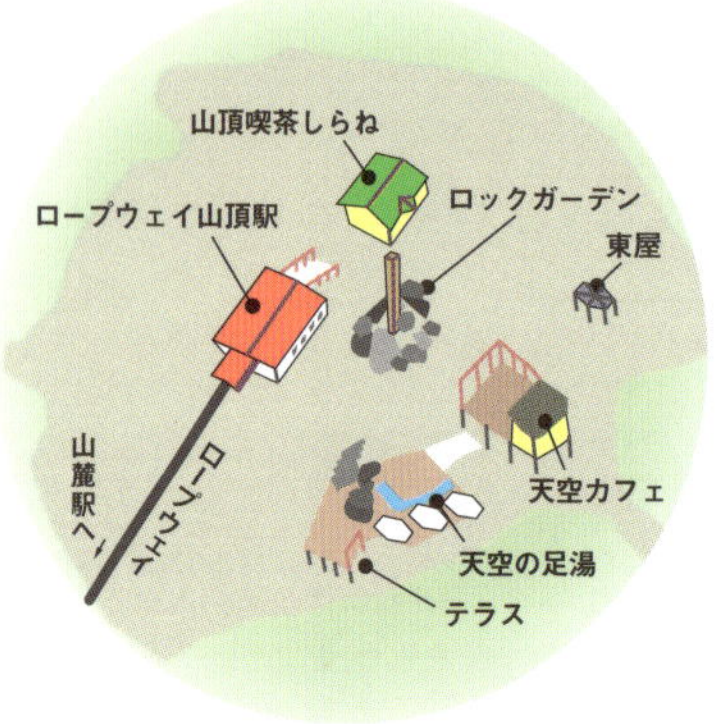
山頂喫茶しらね
ロックガーデン
ロープウェイ山頂駅
東屋
山麓駅へ
ロープウェイ
天空カフェ
天空の足湯
テラス

季節の見どころ

山頂のロックガーデンでは6月上旬が花期のシラネアオイ、6月下旬～8月下旬のコマクサ、8月下旬～9月下旬のエゾリンドウなどの高山植物が。

ロープウェイ情報

営6月初旬～11月初旬 時8～16時(土日祝は7時30分～) 休不定休※HPで確認を 料往復2500円(平日は2200円)※14時以降は料金が半額に

絶景ポイントへのアクセス

足湯から百名山、カフェから白根山

山頂駅を出てすぐ右側にテラスデッキがある。ゆったりしたソファのほか、足湯に浸かりながら、燧ヶ岳、至仏山、武尊山などの日本百名山を眺められる。

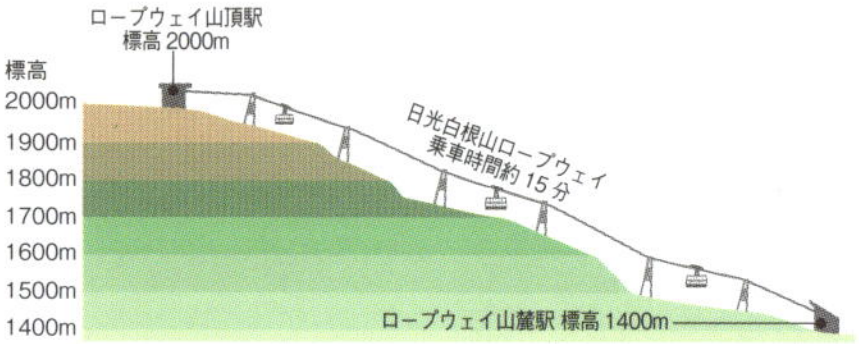
ロープウェイ山頂駅
標高 2000m
標高
2000m
1900m
1800m
1700m
1600m
1500m
1400m
日光白根山ロープウェイ
乗車時間約 15 分
ロープウェイ山麓駅 標高 1400m

山頂駅 …… ロープウェイ 15分 …… 山麓駅 …… 徒歩 3分 …… 丸沼高原スキー場駐車場 …… 車 37km …… 関越道・沼田IC

立ち寄りGuide

沼田ICへの帰路にも見どころが

みなかみ町
日光湯元温泉
401
片品村
千明牧場
白根温泉
120
日光白根山
ロープウェイ
沼田市
道の駅尾瀬
かたしな
64
266
川場村
1 吹割の滝
2 道の駅川場田園プラザ
群馬県
沼田市
水上
263
120
沼田IC
片品川
62
267
沼田駅
関越自動車道
高崎
N
0
5km

① 吹割の滝

施設から22km

高さ7m、幅30mにも及び、巨大な岩の間を勢いよく流れ落ちる様子は「東洋のナイアガラ」ともいわれる。周辺には遊歩道が整備されている。見学無料。

② 道の駅 川場田園プラザ

施設から36km

全国的に人気の道の駅。地元の新鮮な野菜や果物はもちろん、ヨーグルトやチーズも評判だ。地ビールレストランなど食事処も充実。
☎0278-52-3711

おすすめ周遊コース

① 吹割の滝 → ② 道の駅川場田園プラザ

急峻な山並みを見渡す360度の大展望

Tanigawadake Joch

谷川岳《たにがわだけ》ヨッホ by 星野《ほしの》リゾート（谷川岳ロープウェイ）

群馬県 ｜ みなかみ町

全長2400m
の充実した
空中散歩

谷川岳をバックに上るロープウェイ。日本に3カ所しかない、複式単線自動循環式ゴンドラだ。

Data

- 群馬県利根郡みなかみ町湯檜曽湯吹山国有林
- 0278-72-3575
- 関越自動車道・水上ICから14km Ⓟ700台
- JR上越線・水上駅からバスで約25分、終点下車

ロープウェイとリフトで日本百名山を山岳遊覧

2024年12月、名称を谷川岳ロープウェイから「谷川岳ヨッホ by 星野リゾート」に変更。谷川岳中腹の鞍部《あんぶ》（ヨッホ）に位置し、ロープウェイの土合口駅から15分かけて天神平駅を結ぶ。ここから北側に笠ヶ岳や朝日岳、ロープウェイの向こうに至仏山を見ることができる。

ペアリフトに乗り換えると標高1500mの天神峠に到着。展望台から眺める谷川岳の絶景は圧巻だ。ここから登山道を下って行くと、途中の分岐で谷川岳方面と天神平駅方面に分かれる。自然を満喫しながら天神平駅までのトレッキングもいい。

天神峠展望台からの好展望と天上のグルメに舌鼓

ハイキング
コースを
歩こう

1 高倉山の中腹から天神平駅と谷川岳を望む。2 レストラン、ビューテラスてんじんでは「谷川岳パングラタン」が名物。3 散歩道の先にある「よりみちブランコ」。4 心地よい「風のハンモック」もある。

天満宮

天神峠には天満宮の石の鳥居が立ち、小さなほこらもある。霊峰谷川岳は古来より信仰の対象ともなっている。

天神峠駅展望台

天神峠駅の２階と３階が展望台になっていて、遮るもののない360度の眺望が味わえる。２階にはカフェもある。

天神峠ペアリフト

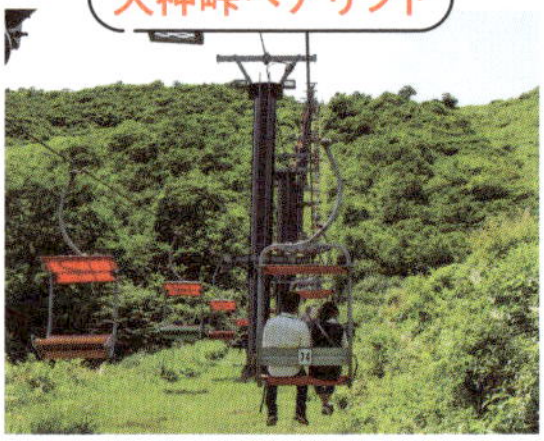

ロープウェイと展望台を約10分で結ぶ天神峠ペアリフト。足元に咲く高山植物を見ながら空中遊泳を楽しめる。

奥利根の山々

谷川岳
1977m
Mt.Tanigawa
谷川連峰

谷川連峰の稜線を一望

天神峠展望台からは峻厳な谷川岳のトマノ耳（1963m）とオキノ耳（1977m）の2つのピークが威容を見せ、武尊山、赤城山なども見渡せる。天神平より高い高度から笠ヶ岳や朝日岳の山々を望める。

Check Point

季節の見どころ

天神平は初夏のシラネアオイやヒメシャガ、盛夏のニッコウキスゲ(写真)、クルマユリ、晩夏のヤナギランなど高山植物の宝庫だ。

ロープウェイ情報

営4/19〜11/16 時8〜17時 休無休
料往復3000円（リフトとのセット券は3500円）

湿生植物
湿生植物
天神峠
高倉山
ビューテラスてんじん
ペアリフト
天神平駅
谷川岳
登山道
ロープウェイ

絶景ポイントへのアクセス

天神平駅の北側に湯桧曽川の渓谷を挟んで笠ヶ岳や朝日岳などの頂が見える。さらにリフトに乗って天神峠の展望台に上れば、谷川岳が間近に見える。

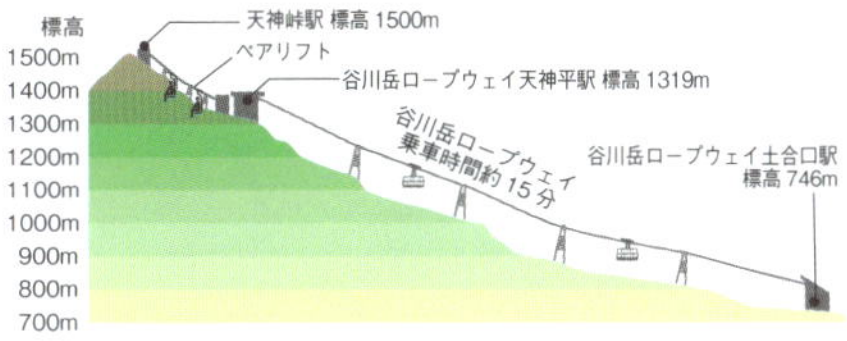
標高
1500m
1400m
1300m
1200m
1100m
1000m
900m
800m
700m
天神峠駅 標高 1500m
ペアリフト
谷川岳ロープウェイ天神平駅 標高 1319m
谷川岳ロープウェイ
乗車時間約 15 分
谷川岳ロープウェイ土合口駅
標高 746m

ロープウェイとリフトを乗り継いで

関越道・水上IC
車 ……14km
土合口駅
ロープウェイ ……15分
天神平駅
リフト ……10分
天神峠駅

立ち寄りGuide

日本三大岩壁と日帰り温泉

土合口駅
① 一ノ倉沢
② 谷川岳温泉 湯吹の湯
JR 土合駅
谷川岳ドライブイン
越後湯沢
0 500m
谷川岳ヨッホ by 星野リゾート
（谷川岳ロープウェイ）
天神平駅
JR上越線
湯檜曽川
291
JR上越線
群馬県
みなかみ町
湯檜曽温泉
JR 湯檜曽駅
水上

紅葉の諏訪峡をSLが走る

写真／みなかみ町観光協会

おすすめ周遊コース

① 一ノ倉沢 → ② 谷川岳温泉 湯吹の湯

① 一ノ倉沢

施設から3km

剱岳、穂高岳と並び、日本三大岩壁と称される谷川岳の一ノ倉沢も絶景。夏でも中腹に白い雪渓が残る。車両規制のため、徒歩か自転車、電気バス（ガイド料500円）を利用。

② 谷川岳温泉 湯吹の湯

施設から1.5km

オートキャンプ場にある源泉かけ流しの温泉。露天風呂もある。☎0278-72-5222（谷川岳ドライブイン）時16〜19時（日によって異なる）休不定休 料800円

2つの峰をもつ関東の名山

Tsukubasan Cablecar & Ropeway

筑波《つくば》山《さん》ケーブルカー&ロープウェイ

茨城県 ｜ つくば市

1 関東平野を見渡す御幸ヶ原からの眺め。2 山頂駅前の広場にはレストランなどが入る展望スポット「コマ展望台」や茶屋が軒を連ねる。3 空中散歩が楽しいロープウェイ。

広がる関東平野を見渡す

筑波山は山全体が御神体で、西に男体山、東に女体山の二つの峰からなる霊峰だ。日本百名山で最も低い標高877mの山だが、ケーブルカー駅前の展望広場から関東一円を見渡すことができる。

男体山と女体山の見所を存分に楽しむならケーブルカーとロープウェイの各往復セット割引券もおすすめ(山頂の両駅間は徒歩15分ほど)。

Data

- 茨城県つくば市筑波1
- 029-866-0611
- 常磐自動車道・土浦北ICから約17km
- P450台(市営駐車場を利用)
- つくばエクスプレス・つくば駅からつくば山シャトルバスで約50分

立ち寄りGuide

筑波山神社

施設周辺

約3000年前より、信仰の対象とされてきた霊峰筑波山を御神体と仰ぐ筑波山神社。ケーブルカー宮脇駅の隣に位置する。参拝自由。029-866-0502

Check Point

絶景ポイントへのアクセス

ケーブルカー筑波山頂駅前の展望広場や「コマ展望台」から関東平野を眺めよう。男体山・女体山の山頂へは、山頂駅から徒歩15分で行くことができる。

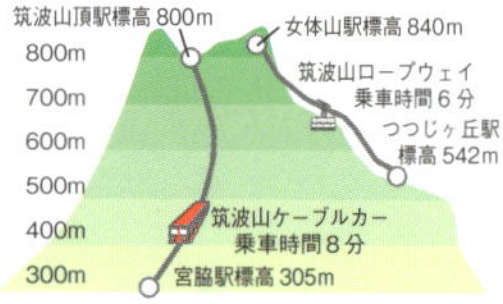
筑波山頂駅標高 800m
女体山駅標高 840m
800m
700m
600m
500m
400m
300m
筑波山ロープウェイ
乗車時間 6 分
つつじヶ丘駅
標高 542m
筑波山ケーブルカー
乗車時間 8 分
宮脇駅標高 305m

筑波山頂駅 …… ケーブルカー 8分 …… 宮脇駅 …… 車 17km …… 常磐道・土浦北IC

季節の見どころ

山頂周辺や「カタクリの里」でカタクリの群生を見ることができる。毎年3月下旬から咲き始めて4月中旬に見頃を迎える。

ケーブルカー情報

営 通年 時 8時40分～17時40分(平日、季節により異なる※HPで確認を) 休 無休 料 往復1070円(ロープウェイは往復1300円)

ミシュランガイド三つ星の観光地

Takaosan Cablecar

高尾山《たかおさん》ケーブルカー

東京都 | 八王子市 | 472m | all season

1 展望台からは横浜ランドマークタワーや東京タワーも一望。2「薬王院」まで展望台から徒歩 20 分。3 赤ちゃんサルなど約 90 頭が暮らす「さる園・野草園」は高尾山駅から 3 分。

絶景もグルメも観光も

2007年にミシュラン観光ガイドで富士山と並び三つ星に認定され、年間登山者数世界一の高尾山。

ケーブルカー・高尾山駅付近にある展望台からは、都心の超高層ビルを中心に関東平野の大パノラマが楽しめる。周辺には、高尾山名物グルメやパワースポットとしても知られる「薬王院」、サルに会える「さる園・野草園」など見どころも多い。

立ち寄りGuide

高尾山名物とろろそば

施設周辺

高尾山周辺の店で提供される、名物とろろそば。写真は「むぎとろ つたや」の人気メニューざるとろろ1100円。☎042-661-2427 時11〜16時LO 休不定休

Data

- 東京都八王子市高尾町2205
- ☎ 042-661-4151
- 圏央道・高尾山ICから約2km Ⓟなし（周辺駐車場を利用）
- 京王電鉄高尾線・高尾山口駅から徒歩約5分

Check Point

絶景ポイントへのアクセス

ケーブルカー高尾山駅付近の展望台から関東平野を一望できる。山頂まで約40分歩けば、富士山や丹沢までを見渡せる山頂広場の展望台がある。

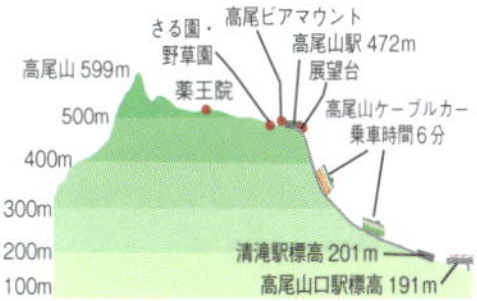
高尾ビアマウント
さる園・
野草園
高尾山駅 472m
展望台
高尾山 599m
薬王院
高尾山ケーブルカー
乗車時間 6 分
500m
400m
300m
200m
100m
清滝駅標高 201m
高尾山口駅標高 191m

高尾山駅 …ケーブルカー 6分… 清滝駅 …徒歩 5分… 高尾山口 …車 2km… 圏央道・高尾山IC

季節の見どころ

夜景を気軽に楽しむなら夏がお勧め。展望レストラン「高尾ビアマウント」の夏季営業日はケーブルカーも21時15分まで運転が行われる。

ケーブルカー情報

営通年 時8時〜18時※HPで確認を（平日・土日祝日、季節により異なる。夏季は〜21時15分） 休無休 料往復950円

山頂駅前から大展望が楽しめる

Mitakesan Cablecar

御《み》岳《たけ》山《さん》ケーブルカー

東京都 | 青梅市 | 831m | all season

1 晴れていれば関東平野を見渡せる展望ブランコ「みたけムササビスウィング」(1回500円)。
2 御岳山駅からはリフトで大展望台駅へ。3 ケーブルカー御岳山駅の御岳平からの眺め。

展望ブランコで大空へ！

古くから山岳信仰の霊山として親しまれる御岳山。武蔵御嶽神社の参道には20軒を超える宿坊に、お土産や食事もできる商店街も立ち並ぶ。御岳山駅前の御岳平から関東平野の絶景を楽しんだ後は、リフトを乗り継いで筑波山やスカイツリーを望む大展望台駅前広場へ。2024年誕生の展望ブランコで、大空へ飛び出すような浮遊体験が楽しめる。

立ち寄りGuide

武蔵御嶽神社

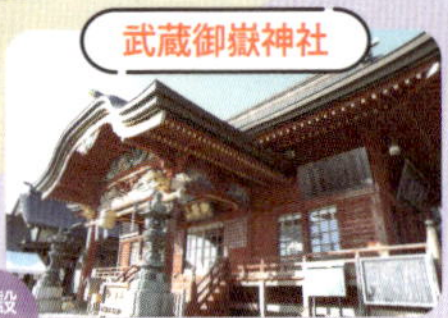

施設周辺

創建は崇神天皇時代とも言われる山岳信仰の霊山。御岳山駅から歩いて25分、330段の階段を登った山頂に鎮座する。参拝自由
0428-78-8500

Data

- 東京都青梅市御岳2-483
- 0428-78-8121
- 圏央道・青梅ICから約19km P136台
- JR青梅線・御嶽駅からバスで約10分、下車徒歩約6分

Check Point

絶景ポイントへのアクセス

ケーブルカー御岳山駅周辺に関東を一望する御岳平やレンゲショウマの群生地がある。展望台ブランコ（※営業はHPで確認を）はリフト大展望台駅前の大展望台へ。

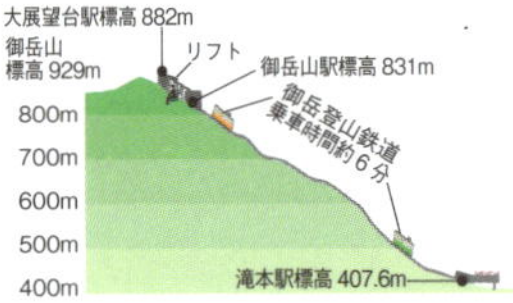
大展望台駅標高 882m
御岳山
標高 929m
リフト
御岳山駅標高 831m
御岳登山鉄道
乗車時間約6分
800m
700m
600m
500m
400m
滝本駅標高 407.6m

大展望台駅	リフト 2分	御岳山駅	ケーブルカー 6分	滝本駅	車 19km	圏央道・青梅IC

季節の見どころ

御岳山駅周辺の斜面に約５万株が群生するレンゲショウマ。開花は7月下旬～8月下旬で同時期に「みたけさんレンゲショウマまつり」も開催。

ケーブルカー情報

営 通年 時 7時30分～18時30分 ※多客時増発あり
休 無休
料 往復1200円（リフト利用は往復190円）

"大山詣り"で絶景ビュースポットへ

Ohyama Cablecar

大山《おおやま》ケーブルカー

神奈川県 | 伊勢原市

1 阿夫利神社下社からの夜景。2 上質な空間が広がる絶景カフェ「茶寮 石尊」。阿夫利神社下社に併設。3 紅葉スポットでもある大山寺本堂前の石段。例年 11 月中～下旬が見頃。

ミシュラン二つ星の眺望を

江戸時代、庶民の信仰と行楽を兼ねた「大山詣《まい》り」で人気となった大山。江戸の人口が100万人だった頃、年間20万人が訪れたという。

相模湾や房総半島を見渡す阿《あ》夫《ふ》利《り》神社下社からの眺望は、ミシュランガイドにも紹介される絶景ポイント。絵とうろうまつりや紅葉ライトアップ、1月に夜間運行されるケーブルカーで夜景を堪能したい。

立ち寄りGuide

こま参道

施設周辺

バス停や駐車場からケーブル乗り場まで362段の石段が続く「こま参道」。土産店や食事処、名産品の大山こまの工房や大山豆腐などの店が立ち並ぶ。

Data

- 神奈川県伊勢原市大山667
- 0463-95-2040
- 新東名高速道路・伊勢原大山ICから約5km Ⓟなし（市営駐車場を利用）
- 小田急小田原線・伊勢原駅からバスで30分、大山ケーブル下車徒歩約15分

Check Point

絶景ポイントへのアクセス

大山ケーブルバス停や駐車場からケーブル乗り場まで、こま参道の階段を徒歩で15分ほど登る必要がある。ケーブルカー乗り場まで車の乗り入れはできない。

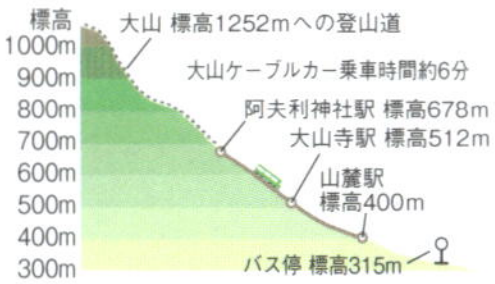
標高
1000m
900m
800m
700m
600m
500m
400m
300m
大山 標高1252mへの登山道
大山ケーブルカー乗車時間約6分
阿夫利神社駅 標高678m
大山寺駅 標高512m
山麓駅
標高400m
バス停 標高315m

阿夫利神社駅 ……ケーブルカー 6分…… 大山ケーブル駅 ……車 5km…… 新東名高速・伊勢原大山IC

季節の見どころ

大山絵とうろうまつり

8月中旬、参道沿いに絵とうろうが並ぶ「大山絵とうろうまつり」。阿夫利神社下社のライトアップなど幻想的な光の回廊が広がる。

ケーブルカー情報

営通年 時9～17時（平日は～16時30分）休無休（6月上旬メンテナンスのため1週間運休あり）料往復1270円

足湯付き施設&大展望を楽しむ

Hakone Ropeway Hakone Tozan Cablecar

箱根《はこね》ロープウェイ
箱根登山《はこねとざん》ケーブルカー

神奈川県 | 箱根町 | 1044m | all season

白煙を絶え間なくあげる大涌谷の景色をロープウェイの中から楽しめる。

全長約4km、30分間の空中散歩は絶景の連続

箱根ロープウェイは早雲山駅から大涌谷《おおわくだに》駅、姥子《うばこ》駅を経由して芦ノ湖畔の桃源台駅を結ぶ。徐々に高度を上げ、標高1044mの大涌谷駅がメインスポット。地上約130mの高さから見下ろす谷は迫力満点だ。ロープウェイは大涌谷駅で乗り換え、下った桃源台方面は富士山の眺望がハイライトだ。

箱根登山ケーブルカーと接続する早雲山駅は駅舎がリニューアル。足湯に浸かりながら眺め、箱根外輪山に癒やされる。名物のオリジナルスイーツや旅を盛り上げる商品がいっぱいのセレクトショップも要チェックだ。

Data

- 神奈川県足柄下郡箱根町
- 0465-32-2205（索道部・平日9～17時）
- 西湘バイパス・箱根口ICから約14km　P 各駅にあり
- 箱根登山電車・強羅駅から箱根登山ケーブルカーを利用

箱根外輪山や富士山の眺望 各駅に見どころいっぱい！

早雲山の
新駅舎には
足湯も

1 早雲山駅の「cu–mo 箱根」にある展望テラスからは箱根外輪山などを一望。2 早雲山から大涌谷へ向かう途中の絶景。3 今も噴煙を上げる大涌谷は硫黄臭が漂う。4 本格グリル料理などが味わえる桃源台ビューレストラン(メニュー写真は炭火焼きデミグラスハンバーグ 1760 円)。5 大涌谷の名物、黒たまごは 4 個入り 500 円。

大涌谷駅

大涌谷

黒たまごのモニュメント越しに富士山が映えるポイント。荒涼とした風景を一望できる、カレーが評判の駅食堂もある。

早雲山駅

2020年に駅舎がリニューアル。「cu–mo 箱根」は無料の足湯やショップを備え、乗り換え駅にとどまらない魅力を持つ。

強羅公園(公園下駅)

ケーブルカー公園下駅からすぐ。1914年に開園、100年以上の歴史を持つ日本初のフランス式整型庭園。入園料650円。

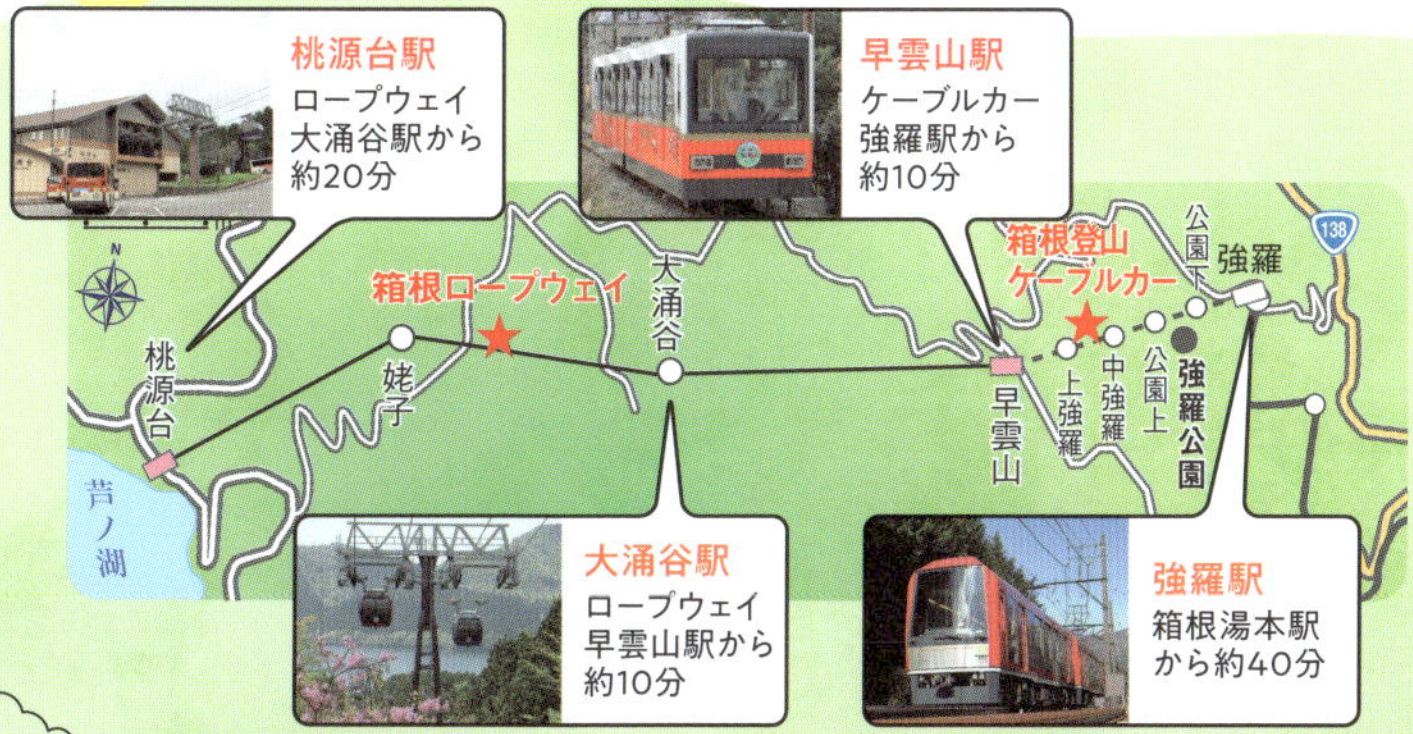
桃源台駅
ロープウェイ
大涌谷駅から
約20分
早雲山駅
ケーブルカー
強羅駅から
約10分
箱根ロープウェイ
箱根登山
ケーブルカー
138
N
桃源台
姥子
大涌谷
早雲山
上強羅
中強羅
公園上
公園下
強羅公園
強羅
芦ノ湖
大涌谷駅
ロープウェイ
早雲山駅から
約10分
強羅駅
箱根湯本駅
から約40分

箱根山交通アクセス

乗り物を乗り継ぎ登坂する

ロープウェイだけでなく、登山電車、ケーブルカー、海賊船、箱根ならではの様々な乗り物を乗り継いでの、乗車体験がおすすめ。日本初のオープンエアー型ゴンドラ「ROPESTER」も登場。

Check Point

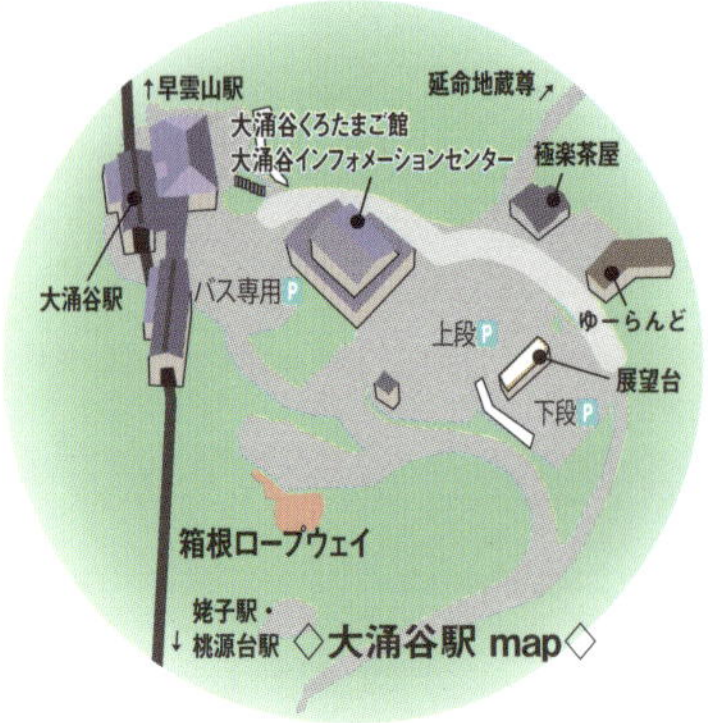
↑早雲山駅
延命地蔵尊↗
大涌谷くろたまご館
大涌谷インフォメーションセンター
極楽茶屋
大涌谷駅
バス専用P
ゆーらんど
上段P
展望台
下段P
箱根ロープウェイ
姥子駅・
↓桃源台駅
◇大涌谷駅 map◇

季節の見どころ

早雲山駅～姥子駅間は例年10月下旬～11月上旬が紅葉のシーズン。大涌谷の白煙と紅葉の赤や黄のコントラストが楽しめる。

ロープウェイ情報

営通年時9時～16時45分（12月～1月は～16時15分）休無休料片道1500円、往復2500円　※ケーブルカー8時45分～17時55分（強羅駅発）

絶景ポイントへのアクセス

最も標高の高い大涌谷駅へは強羅駅からケーブルカー経由と桃源台駅からのアクセス。車の場合、強羅駅に駐車場がないので、早雲山駅か桃源台駅の利用を。

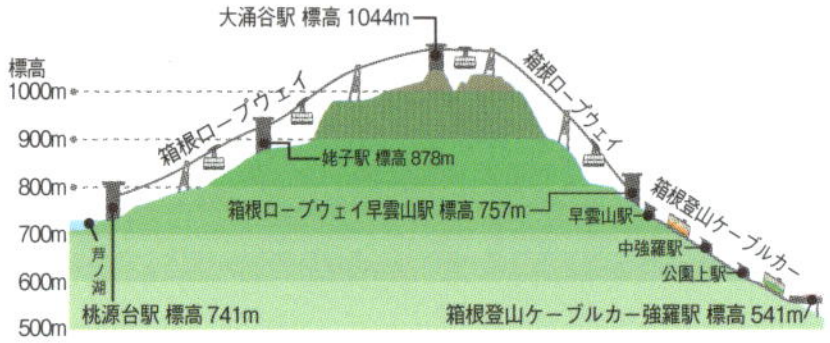
大涌谷駅 標高 1044m
標高
1000m
900m
800m
700m
600m
500m
箱根ロープウェイ
箱根ロープウェイ
姥子駅 標高 878m
箱根ロープウェイ早雲山駅 標高 757m
早雲山駅
箱根登山ケーブルカー
中強羅駅
公園上駅
芦ノ湖
桃源台駅 標高 741m
箱根登山ケーブルカー強羅駅 標高 541m

ロープウェイ起点の2駅がお勧め

箱根登山電車・強羅駅
ケーブルカー…10分
早雲山駅
ロープウェイ…10分
大涌谷駅
ロープウェイ…10分
姥子駅
ロープウェイ…10分
桃源台駅

立ち寄りGuide

芦ノ湖から旧東海道をたどり箱根湯本へ

大涌谷
箱根登山ケーブルカー
公園下
強羅
御殿場
735
姥子
734
箱根ロープウェイ
早雲山
上強羅
中強羅
公園上
強羅公園
彫刻の森
138
桃源台
宮ノ下
箱根山
神奈川県
箱根町
小涌谷
箱根登山電車
小田原
箱根湯本・
芦ノ湖遊覧は
海賊船も
おすすめ
1
箱根湯本・
小田原
732
75
芦ノ湖
元箱根港
2 箱根甘酒茶屋
1
1 箱根関所
三島
三島
N
0
1km

1 箱根関所

桃源台から10km

幕府が設けた関所を江戸時代の姿のまま高度に復元。富士山や芦ノ湖を一望する展望広場もある。☎0460-83-6635時9～17時（12月～2月は～16時30分）休無休料500円

2 箱根甘酒茶屋

桃源台から10km

畑宿の旧街道にある、400年続く茶屋。米麹と米だけで作る、自然な甘味の甘酒500円は栄養豊富で美容にもいい。力餅600円なども。☎0460-83-6418時7～17時LO休無休

おすすめ周遊コース

1 箱根関所 → 2 甘酒茶屋

＊箱根は人気観光地のため、観光シーズンなど大涌谷駐車場など大渋滞しがち。なるべく公共交通機関を利用したい。

360度絶景の大パノラマへ

Hakone Komagatake Ropeway

箱根《はこね》 駒ヶ岳《こまがたけ》ロープウェー

神奈川県 | 箱根町

1327m all season

富士箱根伊豆国立公園
箱根 駒ヶ岳

1「芦ノソラ」の突き出しデッキ。眼下には芦ノ湖と箱根外輪山、遠方に駿河湾が広がる。2 山頂に鎮座する天空の社殿「箱根元宮」。3 駒ヶ岳山頂から望む雄大な富士山。

展望デッキが新たに誕生

芦ノ湖東岸に広がる約66万㎡の巨大複合リゾート施設「箱根園」の絶景スポット。箱根元宮が鎮座する山頂からは、富士山や芦ノ湖など360度の景色を見渡すことができる。

2025年4月に展望広場をリニューアルして、展望デッキ「芦ノソラ」へ。新たに設置された突き出しデッキやネットベンチ、巨大フォトフレームなどもお見逃しなく。

Data

- 神奈川県足柄下郡箱根町元箱根139
- 0460-83-1151（箱根園内）
- 東名高速道路・御殿場ICから約24km P300台
- JR小田原駅からバスで約80分

立ち寄りGuide

絶景日帰り温泉 龍宮殿本館

施設から0.4km

芦ノ湖と富士山を望む絶景の露天風呂が自慢。国指定登録有形文化財の建物で温泉や食事が楽しめる。 0460-83-1126 時8〜19時(受付) 休無休 料2200円〜

Check Point

絶景ポイントへのアクセス

駒ヶ岳頂上駅前「芦ノソラ」から眼下に芦ノ湖や元箱根、遠方に駿河湾を望む。駅から10分歩く山頂は富士山・相模湾・駿河湾を見渡す360度の絶景が広がる。

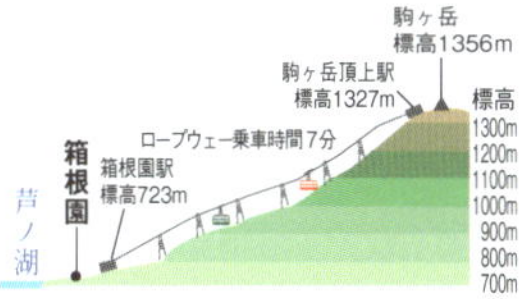
駒ヶ岳
標高1356m
駒ヶ岳頂上駅
標高1327m
標高
1300m
1200m
1100m
1000m
900m
800m
700m
ロープウェー乗車時間7分
箱根園駅
標高723m
箱根園
芦ノ湖

駒ヶ岳頂上駅 ……ロープウェー 7分…… 箱根園駅 ……車 14km…… 乙女峠 ……車 10km…… 東名高速・御殿場IC

季節の見どころ

夜間特別運行のロープウェーで行く「星空天体観測＆夜景ナイトツアー」を開催。※開催日など詳細は要問合わせ
0460-83-1151（箱根園）

ロープウェイ情報

営通年
時9時〜16時30分
休無休
料往復2200円

大迫力&スリル満点の絶景が楽しめる

Nokogiriyama Ropeway

鋸《のこぎり》山《やま》ロープウェー

千葉県 | 富津市

1 山頂駅展望台からの眺め。2.3 竹炭を練り込んだ地獄アイス450円と地獄まん350円(期間限定)。4.5 日本寺山頂エリアの石切場跡に彫刻された「百尺観音」と「地獄のぞき」。

絶景を"のぞき"に行こう

房総半島にある鋸山は、山の稜線がノコギリの歯のように見えることからこの名で呼ばれるようになった。300m程の低山だが遮るものがなく、山頂展望台から眼下に東京湾、遠方に三浦半島や富士山が見渡せる。

かつて房州石の産地であった鋸山。当時の採石跡が残る日本寺(※欄外)の「地獄のぞき」からは、東京湾や房総半島、富士山を一望できる。

Data

- 千葉県富津市金谷4052-1
- 0439-69-2314
- 富津館山道路・富津金谷ICから約3km Ⓟ200台
- JR内房線・浜金谷駅から徒歩約8分

立ち寄りGuide

道の駅 保田小学校

施設から4.8km

廃校小学校をリニューアルした、人気の道の駅。ノスタルジックな空間にカフェや食堂(写真は保田食堂の海鮮丼)、ショップなどが揃う。0470-29-5530

Check Point

絶景ポイントへのアクセス

鋸山山頂駅の展望台から富士山や東京湾の絶景パノラマを一望できる。日本寺の地獄のぞきまで徒歩20分ほどかかり、階段や急な斜面もあるので履き慣れた靴で訪れたい。

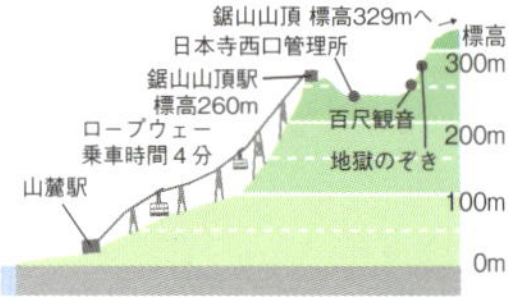
鋸山山頂 標高329mへ
日本寺西口管理所
鋸山山頂駅
標高260m
ロープウェー
乗車時間4分
山麓駅
百尺観音
地獄のぞき
標高
300m
200m
100m
0m

鋸山山頂駅 …… ロープウェー 4分 …… 山麓駅 …… 車 3km …… 富津館山道・富津金谷IC

季節の見どころ

「関東の富士見百景」にも選定されている鋸山。1~2月の天気が良い、空気が澄んだ早朝や夕刻に美しい富士山を望むことができる。

ロープウェイ情報

営通年 時9~17時(冬季は~16時) 休無休(1月中旬にメンテナンス運休あり) 料往復1200円

※鋸山 日本寺 0470-55-1103 時9~15時(最終入場) 休無休 料700円

甲信越の
Koushinetsu
天空テラス
&展望台

立山黒部アルペンルートの大観峰駅は、黒部湖などの眺望が迫力。

ザ・ヴェランダ石打丸山 P92
横手山スカイレーター・スカイリフト P66
P98 弥彦山ロープウェイ
新潟県
竜王マウンテンリゾートロープウェイ P68
P91 八海山ロープウェー
野尻湖テラス観光リフト P70
白馬岩岳マウンテンリゾート P78
八方アルペンライン&黒菱ライン P75
富山県
P96 湯沢高原パノラマパーク
立山黒部アルペンルート P86
長野県
車山高原リフト P74
北八ヶ岳ロープウェイ P72
P62 サンメドウズ清里
山梨県
駒ヶ岳ロープウェイ P82
P56 ～河口湖～富士山パノラマロープウェイ
身延山ロープウェイ P60

サンメドウズ清里の人気ポイント「清里テラス」。ソファで寛げる。

眼前に迫る霊峰富士の威容

~Lake Kawaguchiko~Mt.Fuji Panoramic Ropeway

~河口湖《かわぐちこ》~富士山《ふじさん》パノラマロープウェイ

山梨県 | 富士河口湖町 | 1075 m | all season

神々しい
富士山に
圧倒される

山頂展望広場からは富士山の大パノラマと裾野の風景を一望できる。

大迫力の富士山の全容に 湖と御坂山地の美景観

河口湖畔そばにあるロープウェイ山麓駅（河口湖畔駅）から天上山の山頂駅（富士見台駅）まで3分で結ぶ。短い空中散歩だが、河口湖を見下ろし、湖畔を彩る紅葉の頃の景色は特に美しい。富士山は外国人にも人気で訪日外国人旅行者の姿も多い。

山頂展望広場の南側は遮るものもほとんどなく、裾野から山頂まで富士山の全景を眺望できる。噴火によってできた宝永山が隠れ、きれいな左右対称で見える。たぬき茶屋屋上の展望台から北～西側は河口湖と御坂山地、その向こうに南アルプスの峰々も遠望できる。

Data

- 山梨県南都留郡富士河口湖町浅川1163-1
- 0555-72-0363
- 中央自動車道・河口湖ICから3km P300台（県営無料駐車場）
- 富士急行河口湖線・河口湖駅から徒歩約15分

様々なアトラクションで富士の眺望を楽しむ

ロープウェイと
河口湖の
ビューポイント!
1

4

3

2

1 富士見台駅から見下ろす河口湖も素晴らしい。2 山頂のたぬき茶屋で味わえるたぬき団子とうさぎ団子各 500 円。3 素焼きの盃を的に投げ当てると諸願成就するというかわらけ投げ 100 円。4「天上の鐘」は絶好の写真スポット。

パノラマ回廊

富士見台駅から山頂展望広場へ向かうユニバーサルデザインのスロープ。富士山と河口湖を見ながら空中散歩が楽しめる。

絶景やぐら

標高1110mの崖からせり出す一本橋のようになっていて、先端からは雄大な富士山を遮るものなく眺められる。

絶景ブランコ

展望台より高い場所に設置された約3.5mのブランコ。大パノラマに飛び込むような爽快感を体験。約2分間、500円。

富士山
大室山
雨ヶ岳
足和田山

たぬき茶屋屋上展望台

展望台の北から南へ峰々のパノラマ

たぬき茶屋の屋上にある展望台は北側に河口湖と黒岳、鬼ヶ岳、王岳などの御坂山地から南の富士山へ山の稜線をぐるりと展望できる。御坂山地の奥には南アルプスの赤石山脈も頂を覗かせる。

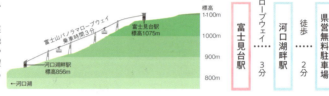

Check Point

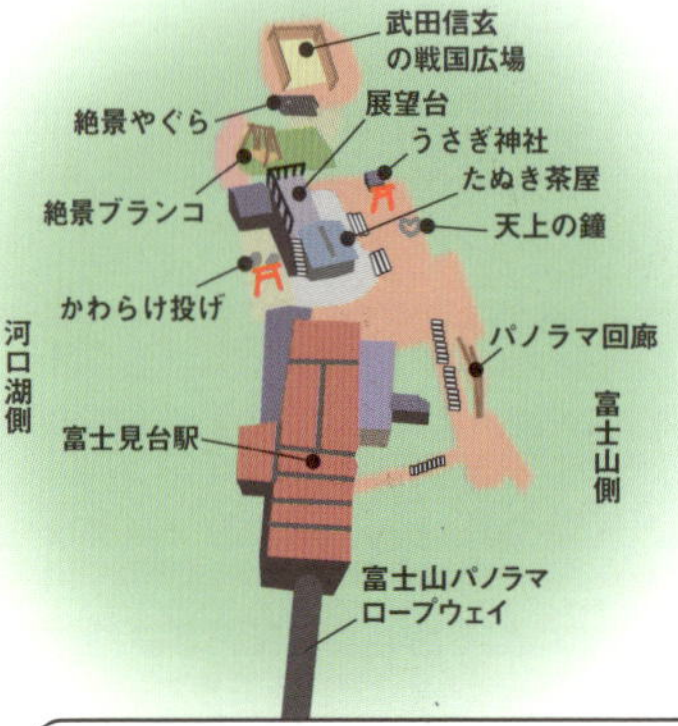
武田信玄
の戦国広場
絶景やぐら
展望台
うさぎ神社
たぬき茶屋
絶景ブランコ
天上の鐘
かわらけ投げ
パノラマ回廊
河口湖側
富士見台駅
富士山側
富士山パノラマ
ロープウェイ

季節の見どころ

毎年8月5日に開催される河口湖湖上祭は、大正時代に始まる神事で花火大会も行われる。当日はロープウェイも夜間運行、展望台から花火を見物できる。

ロープウェイ情報

営通年 時8時30分～17時（7月20日～8月31日は～18時） 休無休 料往復1000円

絶景ポイントへのアクセス

山頂の富士見台駅から順路に沿って歩くとパノラマ回廊、展望広場、展望台、絶景ブランコ、絶景やぐらと富士山を眺望するポイントがあり、高度も上がる。

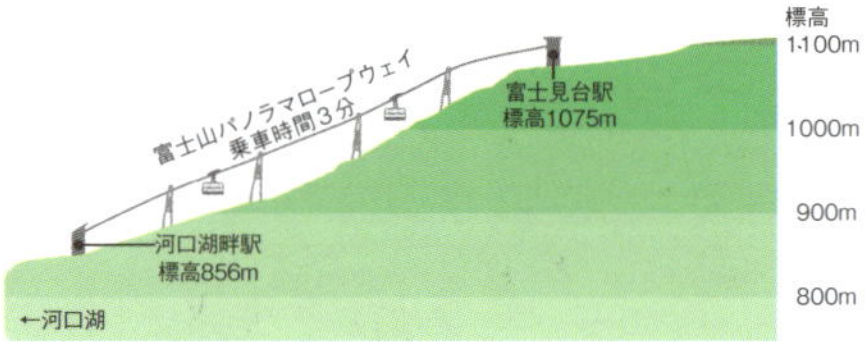
富士山パノラマロープウェイ
乗車時間３分
富士見台駅
標高1075m
河口湖畔駅
標高856m
←河口湖
標高
1100m
1000m
900m
800m

天上山には各種展望ポイントが

富士見台駅 ……ロープウェイ 3分…… 河口湖畔駅 ……徒歩 2分…… 県営無料駐車場 ……車 3km…… 中央道・河口湖IC

立ち寄り Guide

河口湖の湖畔周辺は見どころが豊富

河口湖
甲府
河口湖遊覧船「天晴」 1
富士見台駅
御坂みち
河口湖畔駅
富士山パノラマ
ロープウェイ
714
山梨県
河口湖町
富士吉田町
707
河口湖
137
富士急行河口湖線
大月JCT
本栖湖
2 富士眺望の湯ゆらり
中央自動車道
富士吉田
富士急ハイランド
139
N
0
500m
東富士五湖道路
須走IC
河口湖IC
富士山駅

おすすめ周遊コース

1 河口湖遊覧船「天晴」 ← 2 富士眺望の湯ゆらり

1 河口湖遊覧船「天晴」

施設周辺

戦国時代の「赤備え」の甲冑をイメージした純和風の遊覧船。１周約20分。晴れた日は逆さ富士も。☎0555-72-0029 時9時～16時30分（冬期と夏期は変動） 休無休 料1000円

2 富士眺望の湯ゆらり

施設から10km

炭酸泉や洞窟風呂など多彩な浴槽があり、露天風呂や内湯の高見風呂からは富士山を一望。☎0555-85-3126 時10～22時（平日は～21時） 休無休 料1700円（平日1400円）

立ち寄りGuide 特別編

FUJIYAMAツインテラス | 山梨県 | 笛吹市

バスツアーは30分間隔で運行します

峠にできた富士見の新名所

御坂山地の尾根上の新道峠にある2つの展望台がFUJIYAMAツインテラス。富士山はもちろん、裾野に広がる富士河口湖町の街並みや河口湖など、その全景をたっぷりと堪能できる。一般車両通行禁止のため、すずらん群生地にあるLily《リリー》 Bell《ベル》 Hütte《ヒュッテ》でバスツアーのチケット1800円を購入して行く。約10分で到着だ。

ファーストテラス

ベンチやテーブルなどが設置され、座ってくつろぎながら圧巻の景色を楽しめる。富士山をバックにインスタ映えな写真を撮れるよう、自撮り用のスマホ台も用意されている。

セカンドテラス

バス停から徒歩5分で着く。こぢんまりとした展望台だが、雄大な富士山を中心とした街と河口湖の全景は迫力がある。東に約80m離れたところにファーストテラスがある。

Data

- 山梨県笛吹市芦川町上芦川
- 055-206-0567
- 中央自動車道・笛吹八代スマートICから 約18㎞、Lily Bell Hütte前Ⓟ40台
- JR中央本線・石和温泉駅から車で約35分

Lily Bell Hütte

FUJIYAMAツインテラスへのベースとなるリリーベルヒュッテ。バスのチケットはここで購入する。カフェや山梨県の土産と地場産品、オリジナルグッズを扱うショップを併設。

Lily Bell Hütteは時9時～16時30分、休12月1日～4月24日

日蓮宗の聖地から東西南北を望む

Minobusan Ropeway

身《み》延《のぶ》山《さん》ロープウェイ

山梨県 ｜ 身延町 ｜ 1153 m ｜ all season

駿河湾も
遠望できる

天守山地の山並みと蛇行する富士川の流れを見下ろせる南側展望台。

新型のゴンドラも導入 展望スポットは4カ所

日蓮宗の総本山、身延山久遠寺。ロープウェイの久遠寺駅は境内の西側にあり、山頂の奥之院駅とを結んでいる。ロープウェイは2021年に新型のパノラマビューゴンドラを導入。ゴンドラ内の天井には久遠寺本堂の天井画、墨龍が描かれている。

売店と食堂を併設した奥之院駅を出ると、東側展望台がある。テラスにテーブルとイスが配され、ゴンドラの昇降と天守山地の山並み、その奥に富士山の山頂が見られる。奥之院思親閣を囲むように、七面山の大崩れを正面に見る七面山展望台や北側展望台、南側展望台もある。

Data

- 山梨県南巨摩郡身延町身延上の山4226-2
- 0556-62-1081
- 中部横断道・身延山ICから7km Ⓟ130台
- JR身延線・身延駅から身延山行きバス約12分、終点下車、徒歩約15分

Check Point

季節の見どころ

3月中旬と9月下旬〜10月上旬の数日間だけ富士山の山頂中央部から太陽が昇る「ダイヤモンド富士」が見られる。

ロープウェイ情報

営通年 時9〜16時（11月16日〜3月15日は〜15時40分）通常20分間隔で運行 休無休 料往復1600円

絶景ポイントへのアクセス

高さ104m、287段の菩提梯に挑戦を

久遠寺駅下のせいしん駐車場から乗り場までは斜行エレベーター（無料）を利用。身延山バス停からは久遠寺参道の287段の石段か男坂、女坂の坂道を通って行く。

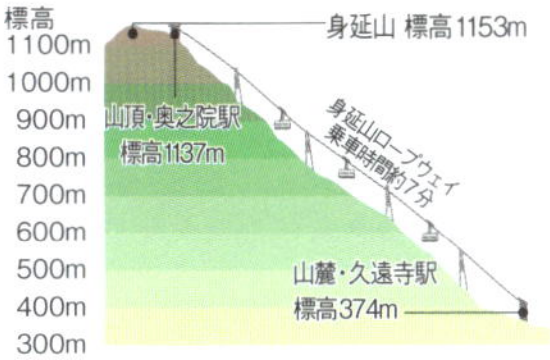
標高
1100m
1000m
900m
800m
700m
600m
500m
400m
300m
身延山 標高1153m
山頂・奥之院駅
標高1137m
身延山ロープウェイ
乗車時間約7分
山麓・久遠寺駅
標高374m

中部横断道・身延山IC …… 車 7km …… せいしん駐車場 …… エレベーター＋徒歩 5分 …… 久遠寺駅 …… ロープウェイ 7分 …… 奥之院駅

4カ所の展望台から絶景を

1 東側展望台からはゴンドラと富士山が。2 北側展望台からは早川渓谷や南アルプスの大パノラマが見渡せる。

開運
くし切り

3 久遠寺は桜の名所としても知られる（写真／身延山久遠寺）。4 日蓮聖人が故郷の両親を追慕した奥之院思親閣。5 奥之院駅1階の売店では備長炭で焼く串切り団子が名物。1本500円。

立ち寄りGuide

紙漉き体験と温泉で締めくくる

① 西嶋和紙 紙漉き体験

施設から16km

西嶋和紙は山梨の伝統工芸品。山十製紙では工場見学と紙漉き、紙乾しを体験できる（2人〜）。所要60分、要予約。

☎0556-42-2511 時10〜16時 休不定休 料2000円

② 下部温泉

施設から11km

武田信玄の隠し湯といわれ、約15〜30℃の冷泉と約50℃の源泉を楽しめる。下部川に沿って約10軒の宿が点在する。下部温泉駅前には日帰り温泉「しもべの湯」もある。（写真は下部ホテル）

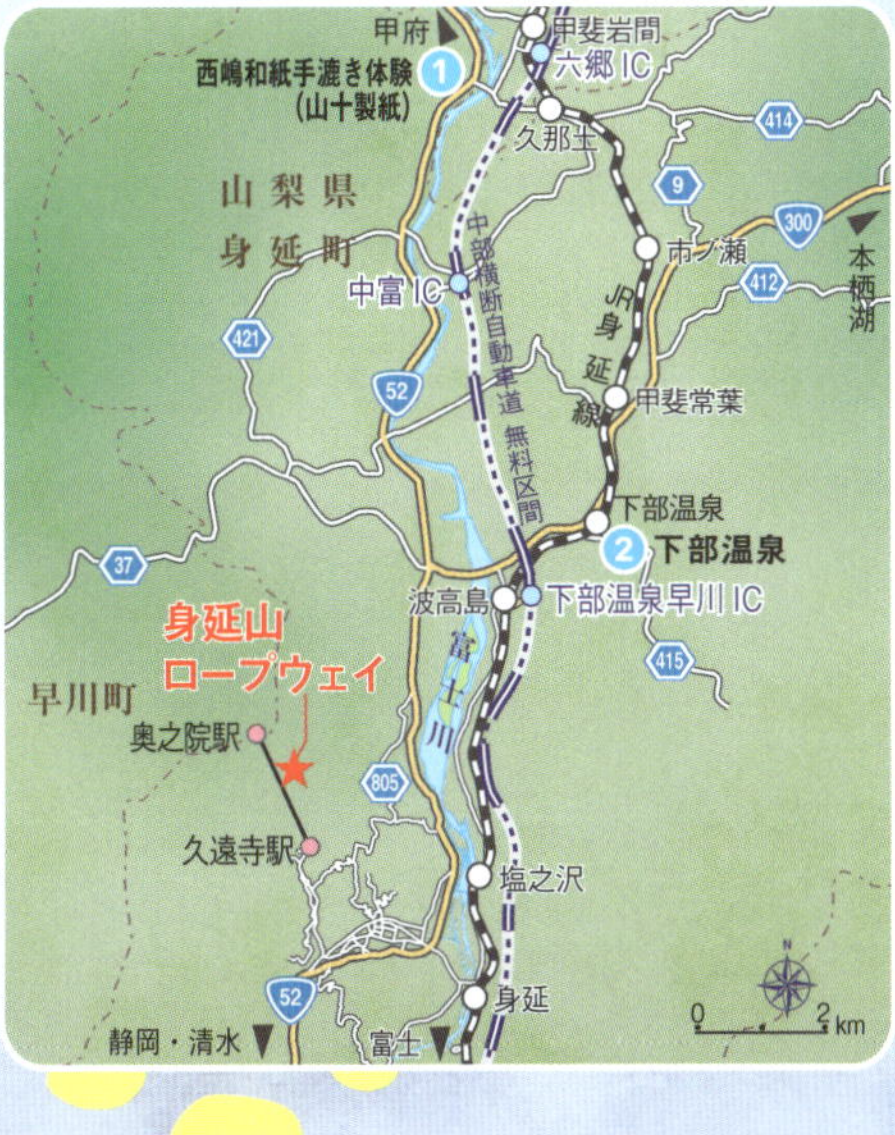
甲府
西嶋和紙手漉き体験
（山十製紙）
甲斐岩間
六郷IC
久那土
山梨県
身延町
中部横断自動車道 無料区間
中富IC
市ノ瀬
JR身延線
本栖湖
甲斐常葉
下部温泉
下部温泉
波高島
下部温泉早川IC
身延山
ロープウェイ
早川町
奥之院駅
久遠寺駅
富士川
塩之沢
身延
静岡・清水
富士
0
2km

標高1900mのテラスでゆっくりと

SunMeadows Kiyosato

サンメドウズ清里《きよさと》

山梨県 ｜ 北杜市 ｜ 1920 m ｜ green season

広い
ソファーで
のんびり
標高1900mの高地に設けられた清里テラス。

10分間のリフト乗車で 別世界・清里テラスへ

山梨県の北部、八ヶ岳の南麓に広がる清里高原は、JR清里駅ですら標高1275m。サンメドウズ清里はさらに登り、山麓で1600m。真夏でも平均気温は25度前後の涼しさだ。

パノラマリフトに乗って約10分、山頂部に清里テラスが設けられる。斜面に特製のデッキが造られ、多くの円形ソファが設置される。その上に展望台があり、甲斐の山々や富士山などの山並みを望むことができる。

山頂の清里テラスには2軒のショップがある。特製の飲み物やフードを味わいつつ、広がる大展望をとことん楽しみたい。

Data

- 山梨県北杜市大泉町西井出8240-1
- 0551-48-4111
- 中央自動車道・長坂ICから約15.5km
- P1200台
- JR小海線・清里駅から車で約5分

リフト
降りてすぐ
テラス！

パノラマリフト山頂駅のすぐ横のエリアには円形ソファがあり、座ってなごむ人でにぎわう。

「清里テラス」は段々状に展望スペースがあり、第２展望台（左）にデッキやソファが、最上部（上）にカフェ1920と展望台がある。

GOAL!!
GOAL!!

山麓から見る八ヶ岳の姿も美しい（右）。G-KARTの特製コースもあり（左）、カートで800mを一気に滑走できる（２回乗車4600円）。

甲武信ヶ岳 標高２４７５m
横尾山 標高１８１８m
金峰山 標高２５９９m
茅ヶ岳 標高１７０４m
富士山 標高３７７６m
野辺山
宇宙電波観測所
清里の森
清里パノラマリフト
サンメドウズ
センターハウス
清里テラス

清里テラス 標高1920mから望む大絶景！

清里テラスの最上部の展望台から見た眺望。甲武信ヶ岳をはじめ2000m級の山々が連なる。右奥には富士山の姿も。山々だけでなく眼下に清里高原と、左下に長野県の野辺山高原も見ることができる。

予約可能なシートで爽やかな高原の一日を満喫

事前予約でラクラク……♡

1 清里テラスにはプレミアムシート（事前予約可能・有料）もある。2.3 センターハウス内にはショップがあり地元・山梨の特産品などを販売。4 清里テラスの「カフェスタンド」では、山梨県産の桃を使ったももジュース 600 円（写真 6）などを用意。5「カフェ 1920」では 1920 スカイソフトクリーム 700 円が人気に。

Check Point

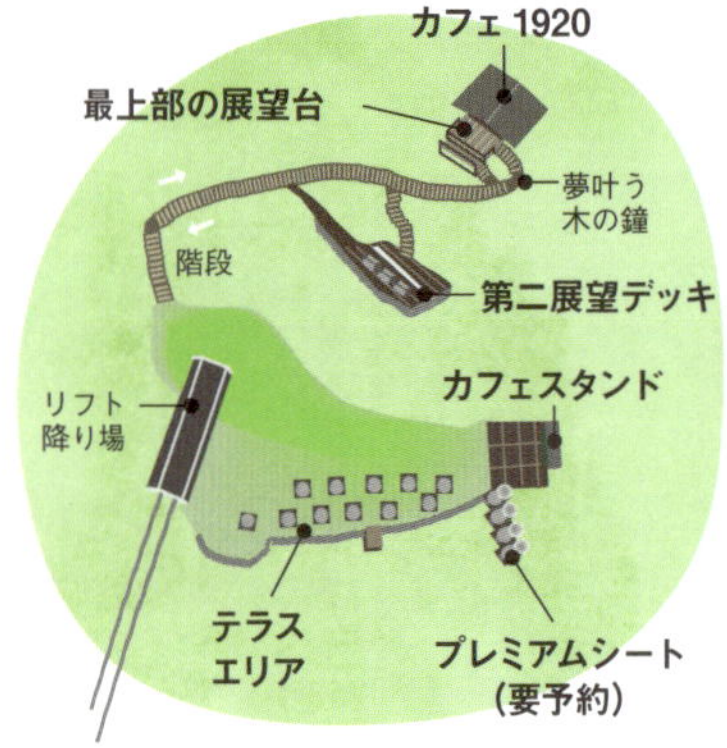

カフェ 1920
最上部の展望台
夢叶う木の鐘
階段
第二展望デッキ
リフト降り場
カフェスタンド
テラスエリア
プレミアムシート（要予約）

季節の見どころ

木々が色づき始めるのは10月中頃から。新緑の時期も素晴らしい。営業期間中の平均気温は20度～25度と冷涼で過ごしやすい。

リフト情報

営 5月下旬～11月上旬
時 9～16時（上り最終） 休 無休
料 往復2800円

絶景ポイントへのアクセス

サンメドウズは階段を登ればさらなる絶景が

パノラマリフト山頂から上記のように3段に展望スペースがあり、木の階段を上れば標高1920m地点まで登れる。牛首山へは登山者向けの山道が延びる。

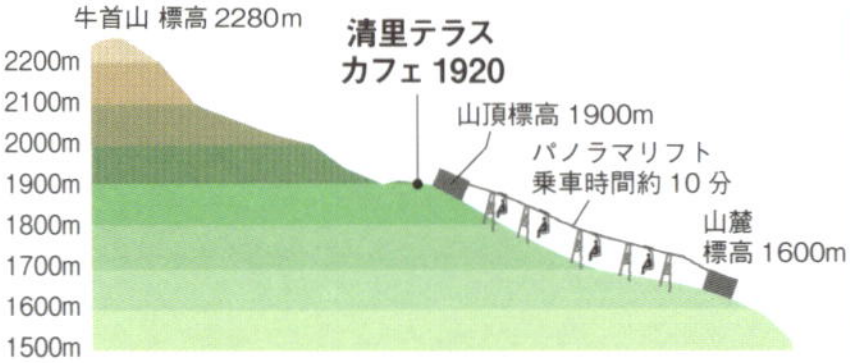

牛首山 標高 2280m
2200m
2100m
2000m
1900m
1800m
1700m
1600m
1500m
清里テラス
カフェ 1920
山頂標高 1900m
パノラマリフト
乗車時間約 10 分
山麓
標高 1600m

中央道・長坂IC …… 車 15・5km …… 県道28号分岐点 …… 車 5分 …… 山麓・センターハウス …… パノラマリフト 10分 …… 山頂・清里テラス

立ち寄りGuide

清里＆野辺山高原は立ち寄りポイントの宝庫

① 清泉寮

施設から4.0km

アメリカ人宣教師ポール・ラッシュにより1938年に設立。ショップ、レストラン、ミュージアム、牧場など多彩な施設があり、清泉寮ソフトクリーム450円が人気に。☎0551-48-2111

② JR鉄道最高地点

施設から6.6km

JR小海線は清里付近で1200mを越える高原を列車が走る。野辺山駅近くの第3甲州街道踏切が「JR鉄道最高地点」で標高1375m。近くの野辺山駅が1345m67cmと最高標高の駅だ。

おすすめ周遊コース

① 清泉寮
↓
② JR鉄道最高地点
↓
③ 萌木の村
↓
八ヶ岳高原大橋
↓
④ 甲斐大泉パノラマの湯
↓
長坂IC

大橋からの眺望も見逃せない

② JR鉄道最高地点
サンメドウズ清里★
長野県
富士見町
美し森展望台
小諸
141
11
0
2km
① 清泉寮
清里
③ 萌木の村
長野県
南牧村
山梨県
北斗市
11
甲斐大泉
八ヶ岳高原大橋
④ 甲斐大泉温泉
パノラマの湯
諏訪
JR 小海線
小淵沢 IC
甲斐小泉
28
岡谷
小淵沢
中央自動車道
141
JR中央本線
長坂IC
長坂
甲府
甲府
須玉 IC

③ 萌木の村

施設から5.7km

ROCK

自然と共生し、未来を開拓し続ける「萌木の村」。ナチュラルガーデンの中に、レストラン、ホテル、オルゴール博物館などが点在。清里の自然を楽しみながら寛げる。☎0551-48-3522

④ 甲斐大泉温泉パノラマの湯

施設から9.1km

標高1147mの高原にある湯で、天気が良ければ富士山が見えるパノラマ露天風呂が魅力に。夜は満天の星空が楽しめる。☎0551-38-1341 時10～22時 休第2・4火曜 料830円

北アルプスを一望できる絶景ポイント

Yokoteyama Skylater Skylift

横手山《よこてやま》スカイレーター・スカイリフト

長野県 | 山ノ内町

聞きしに勝る
絶景だな～
2307
Mt.Yokote 2,307m
Mountain
満天ビューテラス
てっぺん横手山

眼下に志賀高原、遠く日本アルプスの眺望とパノラマが広がる「満天ビューテラス」。

雲海や満天の星空を眺め 夢幻の世界を堪能する

長野県山ノ内町と群馬県中之条町の県境にそびえる横手山の山頂にアクセスする乗り物で、全長200mの動く歩道「スカイレーター」とリフト「スカイリフト」の2本で山頂へ登る。

標高2307mの山頂リフト発着場にはイギリス名物のスナックにちなんで「クランペット」と命名されたレストランと、展望デッキ「満天ビューテラス」が隣接する。

施設内では志賀高原や日本アルプスのパノラマビューのほか、ダイナミックな雲海が心ゆくまで堪能できる。冬には関東甲信越エリア唯一の樹氷も楽しめる。

Data

- 長野県下高井郡山ノ内町志賀高原横手
- 0269-34-2600
- 上信越自動車道・信州中野ICから約32km Ⓟ100台
- JR北陸新幹線・長野駅からバスで約100分

※満天ビューテラスは冬期もスキー客向けの展望スポットとして開放される

Check Point

季節の見どころ

5月の新緑、10月の紅葉、雄大な雲海など、四季折々のダイナミックな自然景観が楽しめる。

スカイレーター・リフト情報

営4月下旬～10月下旬 時8時45分～15時15分（下り最終は15時40分） 休無休 料往復2000円（駐車場～山頂間）

動く歩道で登山できるなんてすごい！

スカイレーターを安全にご利用いただく為の
三ケ条

1 日本最高所の動く歩道「横手山スカイレーター」。2 渋峠駐車場から山頂にアクセスする「渋峠ロマンスリフト」。

絶景ポイントへのアクセス

散策も楽しい山上の絶景エリア

横手山山上のリフト発着場と「満天ビューテラス」は同一敷地内にあり徒歩1分。この一帯は高原の樹林帯で春～秋には散策が楽しめる。

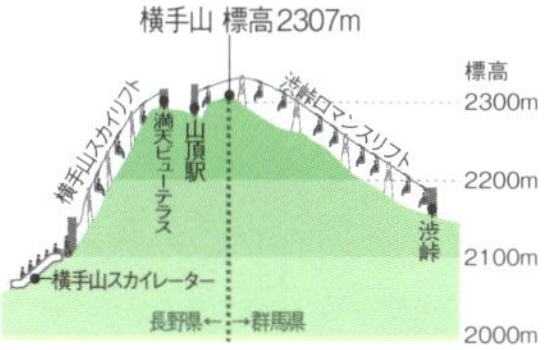
横手山 標高2307m
標高
2300m
2200m
2100m
2000m
横手山スカイリフト
満天ビューテラス
山頂駅
渋峠ロマンスリフト
渋峠
横手山スカイレーター
長野県←→群馬県

上信越道・信州中野IC …車32km… 横手山ドライブイン駐車場 …徒歩1分… スカイレーター乗り場 …スカイレーター5分… スカイリフト乗り場 …リフト5分… 満天ビューテラス

3 リフトの終着駅に隣接する「クランペット」。4 焼き立てパンや各種ケーキが提供される。5 雲上のカフェでは笑顔のスタッフがブランチタイムを演出する。

立ち寄りGuide

ハイランドリゾート志賀高原を回遊

① 熊の湯温泉

施設から2.6km

ヒスイ色の良泉が湧出。熊の湯ホテルでは日帰り入浴可。岩風呂は日替わりで男女交替。
☎0269-34-2311 時12時30分～15時30分（土日祝日～15時） 休不定休 料1500円

② 万座熊四郎山のハイキングコース

万座高原一帯には初心者向けハイキングコースが多数設定。万座薬師堂や稲綱宮をお参りしながら熊四郎山山頂を目指す「万座お参りコース」は片道約30分。

施設から10.8km

長野・湯田中
長野県
山ノ内町
熊の湯スキー場
熊の湯温泉
292
横手山・渋峠スキー場
横手山スカイリフト
渋峠ロマンスリフト
横手山
横手山スカイレーター
渋峠
長野県
高山村
万座熊四郎山
草津・万座
群馬県
0
600m

北志賀が一望できる空の“テラス”

Ryuoh Mountain Resort Ropeway

竜《りゅう》王《おう》マウンテンリゾートロープウェイ

長野県 | 山ノ内町 | 1770 m | green season

眼下の雲海を
堪能しよう

山並みを一望できる展望台「SORA terrace」。雲のダイナミックな動きと山並みの迫力に圧倒される。

ラグジュアリーなカフェで天空の時間を満喫

「竜王マウンテンリゾート」の施設内のロープウェイで、麓から山頂を約10分で結ぶ。

山頂駅併設の絶景スポット「SORA terrace」からは高杜《こうしゃ》山、斑尾《まだらお》山、妙高山など北信濃の名峰パノラマビューや、雲海が織りなす幻想的な風景が堪能できる。また、地元の農産品やフルーツを使用したオリジナルメニューも提供している。

例年7～9月の特定日に実施される「星空ナイトクルーズ」では、ロープウェイの運行時刻を21時まで延長。空気の澄んだ展望台からは、星空鑑賞を満喫できる。

Data

- 長野県下高井郡山ノ内町夜間瀬11700
- 非公開（公式HP参照）
- 上信越自動車道・信州中野ICから約16km　P 1500台
- 長野電鉄・湯田中駅からシャトルバスで約25分

Check Point

季節の見どころ

山頂駅付近では、例年7月初旬から「雲海ハーブガーデン」が見ごろを迎える。

ロープウェイ情報

営4月下旬～11月初旬 時9～19時（9月29日～は～18時）休5・6・9月に運休期間あり※HPで確認 料往復2400円～

絶景ポイントへのアクセス

信濃の北東部のリゾートエリアを満喫

世界最大級の166人乗りのロープウェイ。標高1770mの「SORA terrace」からは雲海や夕焼け、満天の星空が楽しめる。

上信越道・信州中野IC …… 車 16km …… 竜王マウンテンリゾート駐車場 …… 徒歩 1分 …… 山麓駅 …… ロープウェイ 10分 …… 山頂駅 …… 徒歩 1分 …… SORA terrace

都会じゃ味わえない絶景！

1 星空ナイトクルーズでは満天の星空を心行くまで堪能できる。2 リゾート内では絶景グランピングも楽しめる。

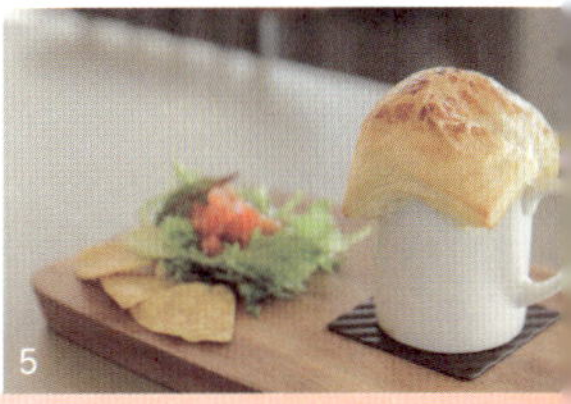

3 竜王の空をイメージしたフルーツソーダも人気。4 ラグジュアリーで洗練された空間「SORA terrace cafe」。5 SORA terrace cafeの竜王名物雲海パイ包みスープ1100円。

立ち寄りGuide

北信州の著名観光地がクルマで1時間圏内

① 渋温泉郷

施設から14km

長野県有数の規模の温泉街を形成する渋温泉郷。共同浴場が9カ所あり、厄除け・安産・育児健康などにご利益があるという。レトロな温泉宿が数多く残り温泉街めぐりが楽しい。

② サンクゼールの丘

施設から26km

北信濃の美しい丘に建つ商業･観光施設。サンクゼール本店、ワイナリーのほか、和のショップ「久世福商店」もある。
☎026-253-8002 時9~17時 休1月1日、冬季の水曜

北信州の風に吹かれて雲上の世界へ

Lake Nojiri Terrace Sightseeing Lift

野《の》尻《じり》湖《こ》テラス観《かん》光《こう》リフト

長野県 | 信濃町

北信州の
山並みが
とてもきれい

標高1100mの展望テラスからは野尻湖や北信五岳の遠望が堪能できる。

Data

- 長野県上水内郡信濃町古海3575-8
- 026-258-3511
- 上信越自動車道・信濃町ICから約10km
- P1000台
- JR北陸新幹線・飯山駅からバスで約45分

"アートカフェ空間"で北信濃の絶景を楽しむ

東急系のリゾートエリア「タングラム斑《まだら》尾《お》」の施設内にあるクワッドリフト。この4人乗りのリフトはファミリーや小グループ単位での利用にも最適。足元の開放感を楽しみながら、標高差は300m、約10分の絶景紀行が堪能できる。

山頂駅舎に併設されるカフェ&レストラン「野尻湖ラウンジ」では、美術館のような瀟洒《しょうしゃ》な空間で絶景&カフェタイムが楽しめる。また、眺望スポット「野尻湖テラス」からは野尻湖と北信五岳と称される妙高山、黒姫山、戸隠連峰、飯綱山の雄大な山並みが遠望できる。

Check Point

季節の見どころ

毎年8月には斑尾高原一帯にはゆりが咲き誇る。タングラム斑尾リゾートの施設内の「ゆり畑」も多くの人で賑わう。

リフト情報

営4月下旬～11月初旬 時9～16時 休無休 料往復1500円（片道も同一）

絶景ポイントへのアクセス

高原の風に吹かれて山頂に行こう

野尻湖や北信五岳を望む標高1100mの「野尻湖テラス」は山頂駅から徒歩1分。カフェ＆レストラン「野尻湖ラウンジ」は山頂駅舎内にある。

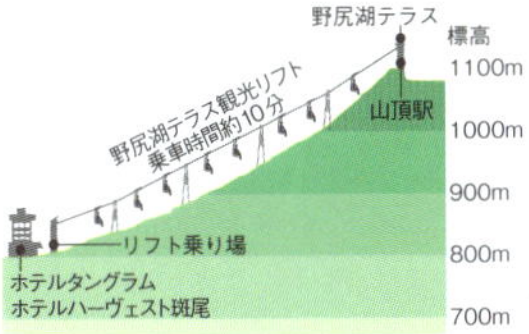
野尻湖テラス
標高
1100m
1000m
900m
800m
700m
野尻湖テラス観光リフト
乗車時間約10分
山頂駅
リフト乗り場
ホテルタングラム
ホテルハーヴェスト斑尾

上信越道・信濃町IC …… 車 10km …… タングラム駐車場 …… 徒歩 3分 …… リフト乗り場 …… リフト 10分 …… 山頂

1日いても
飽きない景色
だね～

1 野尻湖周辺の風光明媚な山岳風景が堪能できる「野尻湖ラウンジ」。2 ラウンジ名物の「炙り！見晴らし団子」1200円。

3 リフト乗り場の近くには初夏はラベンダー園が開業。4 施設内のキッズパーク（夏季限定営業）。5 森林浴が楽しめる散策コースも多数設定される。

立ち寄りGuide

長野北端部の保養地 野尻湖界隈を回遊！

① 野尻湖

施設から7km

斑尾山と黒姫山に近接する標高654mの高原にある湖。ナウマンゾウの化石の発掘でも知られ、湖畔は明治時代から避暑地として栄えていた。湖を周遊する遊覧船も人気。

② 黒姫童話館・童話の森ギャラリー

松谷みよ子をはじめとする各国の童話、信州の昔話などの書籍や絵本を収蔵・展示する。☎026-255-2250 時9～17時 休5・6・9・10の各月末日、12月1日～4月4日 料800円

施設から16.4km

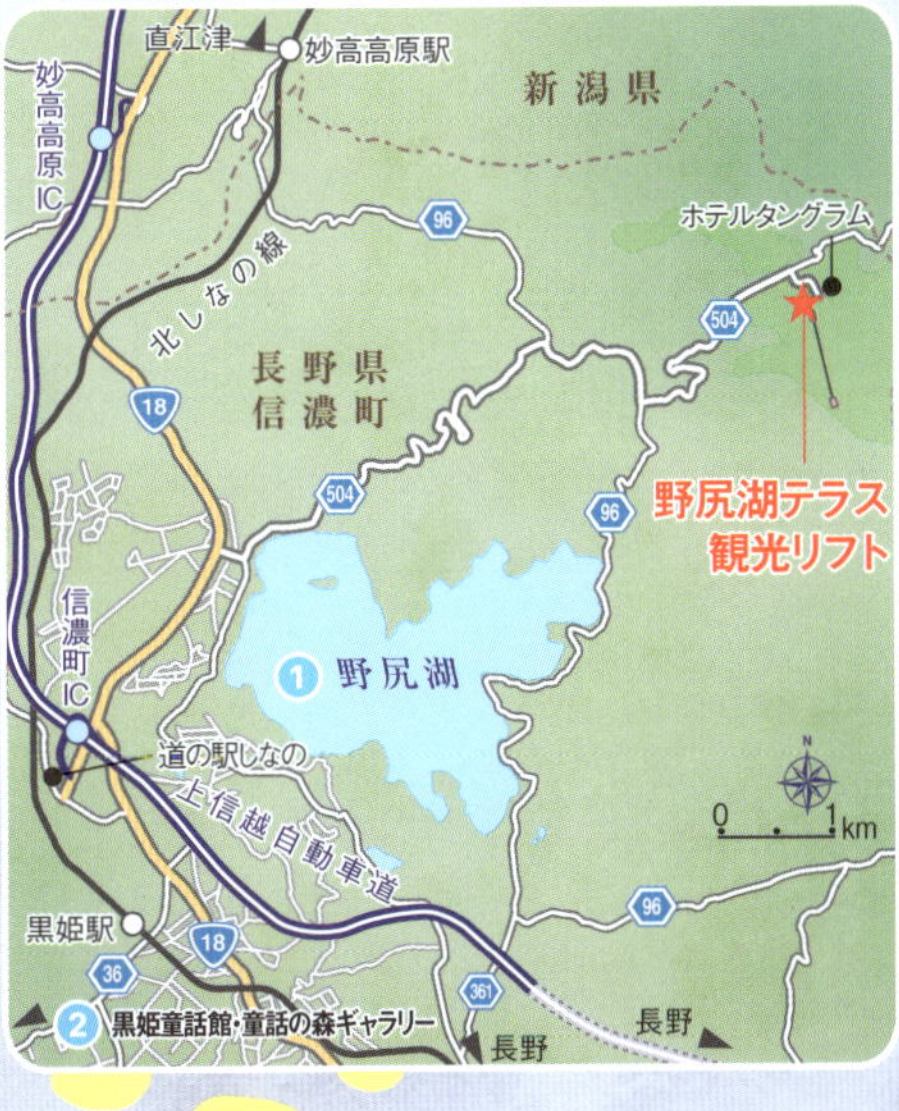
直江津
妙高高原駅
妙高高原IC
新潟県
96
ホテルタングラム
北しなの線
504
長野県
信濃町
18
504
96
野尻湖テラス観光リフト
① 野尻湖
信濃町IC
道の駅しなの
上信越自動車道
0 1km
96
黒姫駅
18
36
361
② 黒姫童話館・童話の森ギャラリー
長野
長野

標高2000mの大パノラマが目の前に

Kitayatsugatake Ropeway

北《きた》八《やつ》ヶ《が》岳《たけ》ロープウェイ

長野県 | 茅野市

2237m　all season

好天ならば
甲斐駒ヶ岳に
御嶽山が望める

ロープウェイのゴンドラからは、茅野盆地や日本アルプスが一望できる。

三大アルプスの絶景と気軽に楽しむ高原散策

北八ヶ岳ロープウェイは八ヶ岳の北山麓にあり、北・中央・南の3つのアルプスが一望できる唯一のロープウェイでもある。

標高2237mの山頂にある坪庭駅の目の前には、溶岩の上に高山植物が自生する「坪庭自然園」が広がる。坪庭には1周30～40分の散策路が延び、また北八ヶ岳周辺の登山道の入り口にもなっている。

坪庭駅には展望デッキ「スカイアイ2237」があり、雄大な景色が堪能できる。併設の山頂カフェでは、特産のコケモモを使ったアイスやドリンクを楽しみたい。

Data

- 長野県茅野市北山4035-2541
- 0266-67-2009
- 中央自動車道・諏訪ICから約25km Ⓟ600台
- JR中央本線・茅野駅西口から直通バスで約60分

Check Point

季節の見どころ

やせた溶岩の土を物ともせず開花する坪庭のコイワカガミ。毎年6月下旬～8月にかけて高山植物が楽しめる。

ロープウェイ情報

営 通年 時 8時40分～16時40分（変更あり）休 無休（4月上～中旬、11月中～12月中旬メンテナンス休あり）料 往復2600円

絶景ポイントへのアクセス

山頂で楽しむ絶景と坪庭の散策

山麓駅からロープウェイで約7分。坪庭駅に併設する展望台「スカイアイ2237」から日本アルプスの絶景が楽しめる。車イスでの移動も可(夏季のみ)。

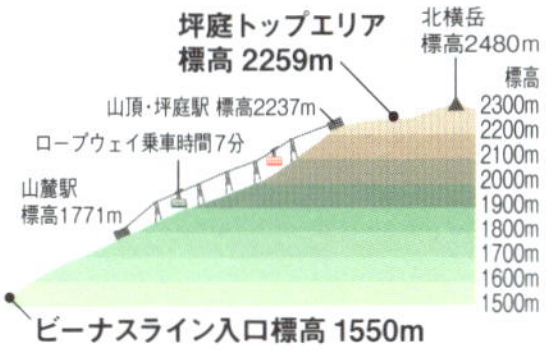
坪庭トップエリア
標高 2259m
北横岳
標高2480m
山頂・坪庭駅 標高2237m
ロープウェイ乗車時間7分
山麓駅
標高1771m
標高
2300m
2200m
2100m
2000m
1900m
1800m
1700m
1600m
1500m
ビーナスライン入口標高 1550m

坪庭駅 ……ロープウェイ 7分…… 山麓駅 ……車 25km…… 中央道・諏訪IC

360度の
大パノラマが
広がる

1 日本アルプスを望む展望台「スカイアイ 2237」からの眺めも抜群。2 高山植物が茂る坪庭散策も楽しい。

3 坪庭の散策路は整備されている。4 山頂喫茶「山のカフェ 2237」で人気のカレーライス 1200 円。5 山麓駅併設の「スカイレストランこまくさ亭」では信州ざるそば 900 円も提供。

立ち寄りGuide

諏訪ICまでビーナスラインをたどる

1 蓼科アミューズメント水族館

施設周辺

世界で最も標高が高い場所にある水族館で、淡水魚を専門に飼育。☎0266-67-4880 時 10時～17時30分(入館は～16時30分) 休 木曜 料 1500円※営業時間や休みは季節で異なる

2 蓼科湖

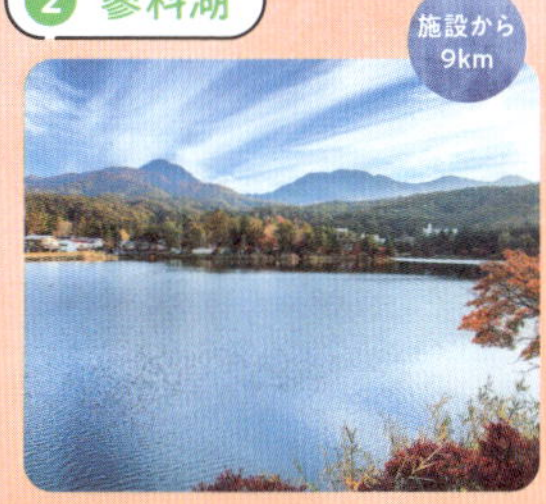
施設から9km

ビーナスライン沿いにある高原の人造湖。湖畔はシラカバや松に囲まれ、釣りやボートのほか、散策やサイクリングなどが楽しめる。秋の紅葉も素晴らしい。

上田
0
2km
長野県
茅野市
北八ヶ岳ロープウェイ
ビーナスラインを右折
152
2 蓼科湖
192
小海
299
上諏訪
ビーナスライン
192
152
JR中央本線
諏訪IC
茅野
20
中央自動車道
甲府
甲府
北八ヶ岳ロープウェイ山麓駅
2F
スカイレストラン
こまくさ亭
売店かもしか
0
50m
P
P
矢崎虎雄
記念館
ビーナスライン
1 蓼科アミューズメント水族館

360度パノラマ&大自然を満喫

Kurumayama Kogen Lift

車《くるま》山《やま》高《こう》原《げん》リフト

長野県 | 茅野市 | 1910m | green season

1 先端が谷に突き出した展望台「スカイテラス」。2.3 中腹駅にある TOP's360° の雲海ソーダ 500円と TOP's カレー 1300円。4 雲海が広がる山頂の車山神社の鳥居。

360度に広がる名峰を一望

車山は日本百名山・霧ヶ峰の主峰。様々な高山植物が咲きビーナスラインで最も美しい高原とされる。標高1900m超えの山頂からは、八ヶ岳や富士山、アルプスの山々など360度を見渡すことができる。幻想的な雲海は、気温差の大きい秋の晴れた朝など、気候条件が揃うと出現する。目の前に広がる神秘的な絶景を楽しみたい。

Data

- 長野県茅野市北山3413
- 0266-68-2723
- 中央自動車道・諏訪南ICから約28km Ⓟ2000台
- JR中央本線・茅野駅からバスで約60分

立ち寄りGuide

蓼科山を望む女神湖

施設から10km

白樺高原にある人造湖で、"女の神山"とも呼ばれる蓼科山を湖面に映す美しい湖。湖周約1.8kmと歩きやすく30分程で散歩できボートやカヤックなども楽しめる。

Check Point

絶景ポイントへのアクセス

リフトを乗り継いで15分。山頂駅から徒歩5分の展望台「スカイテラス」から八ヶ岳連峰や富士山、アルプスの山を見渡せ、山頂からは360度のパノラマが楽しめる。

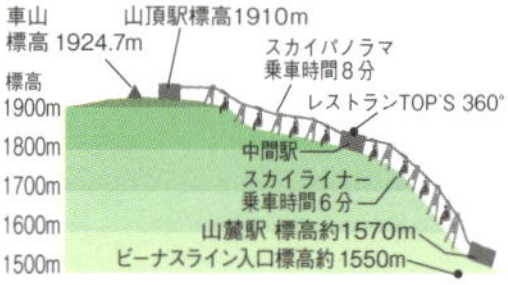
車山
標高 1924.7m
山頂駅標高1910m
スカイパノラマ
乗車時間8分
レストランTOP'S 360°
中間駅
スカイライナー
乗車時間6分
山麓駅 標高約1570m
ビーナスライン入口標高約1550m
標高
1900m
1800m
1700m
1600m
1500m

山頂駅 ……リフト 8分…… 中間駅 ……リフト 6分…… 山麓駅 ……車 28km…… 中央道・諏訪南IC

季節の見どころ

例年7月頃から一面に黄色い花を咲かせるニッコウキスゲ。車山高原は600種の花々が咲き誇る高山植物の宝庫でもある。

リフト情報

営4月末〜11月上旬 時9〜16時 休水曜（7〜10月は無休）料往復2500円※HPで要確認を

日本百名山の11峰が見渡せる

Happo Alpenline & Kurobishiline

八方《はっぽう》アルペンライン＆黒菱《くろびし》ライン

長野県 | 白馬村

眼下に白馬の町が広がるうさぎ平の展望テラス。

心も体も
ゆったり
絶景テラス

ロープウェイとリフトを乗り継ぎ、絶景スポットへ

八方アルペンラインは、八方ゴンドラリフトアダム、アルペンクワッドリフト、グラートクワッドリフトの3つからなる。麓から一つ目の兎平駅には、オープンテラスやカフェ、サウナやジャグジーまでが楽しめる「うさぎ平テラス」がある。さらに2つのリフトを乗り継ぎ到着する標高1830mの八方池山荘では、白馬三山や北アルプスの主峰、北信濃の美しい山々を眺めることができる。

黒菱ラインは、黒菱スカイラインで行けるリフト乗り場から、雲海デッキも備える黒菱平までをリフトで結ぶ。

Data

- 長野県北安曇郡白馬村大字北城八方4258
- 0261-72-3280
- 上信越自動車道・長野ICから約47km
- Ⓟ1000台
- JR大糸線・白馬駅から路線バス約10分

天空のビーチで憩うひととき 絶景のリゾートテラス

標高1400mで
南国気分が
味わえる

1

4

3

2

1 南国気分が味わえる「Hakuba Mountain Beach」。2 白馬産のブルーベリーを使ったオリジナルドリンクも好評。3「Mountain Beach」には貸切サウナも用意されている（要問合わせ）。4 アルペンクワッドリフトの終点、黒菱平にあるレストラン「ピラール」。

↑唐松岳
第3ケルン
八方池
八方ケルン
第2ケルン
（息ケルン）
五竜岳・鹿島槍ヶ岳
絶景スポット
石神井ケルン
八方池山荘
グラートクワッドリフト
黒菱平
鎌池湿原
雲海デッキ
P
黒菱リフト
黒菱駐車場
アルペン
クワッド
リフト
うさぎ平テラス
ゴンドラリフトアダム
八方駅
黒菱林道

八方ケルン

標高2035mの八方ケルンは、第2ケルンと八方池の間にある。白馬三山だけでなく、天気がよければ富士山も見える。

八方池

雪解け水や雨水が溜まってできた八方の名所。高山植物が多く生息し「ハッポウ」の名が付く固有種もある。

八方池山荘

最終駅にある八方池山荘。ここからハイキングコースが始まる。

鎌池湿原

標高1680mの黒菱平にある鎌池湿原は、本来標高が高いところに生息する植物が観察でき、貴重な両生類や昆虫も多い。

3つを乗り継ぎ ハイキングコースへ

麓の八方駅からロープウェイやリフトを乗り継ぎ、1830mの八方池山荘へ。八方池への約90分のハイキングコースは、日本百名山の11峰を見渡す絶景スポットや景勝地が点在する。

Check Point

季節の見どころ

低い標高に高山植物が育成する八方尾根。固有種も多く、写真のハッポウワレモコウは小さな花が密集して上から下へ咲いていく。花期は7～9月頃。

ロープウェイ情報

営八方アルペンライン5月31日～6月1日、6月7日～11月3日時8～16時（繁忙期は早朝運行あり※HPで確認を）休無休料往復3400円（八方駅～八方池山荘）

リフト情報

営黒菱ラインリフト7月上旬～10月中旬時8時15分～16時30分（繁忙期は早朝運行あり）休無休　※HPで確認を

絶景ポイントへのアクセス

八方アルペンライン、黒菱ラインの2本で

黒菱平へは白馬八方のゴンドラリフト～クワッドリフトを乗り継いで、または黒菱ラインで。八方池はさらにリフトに乗り、下車後は山道を約90分歩く。

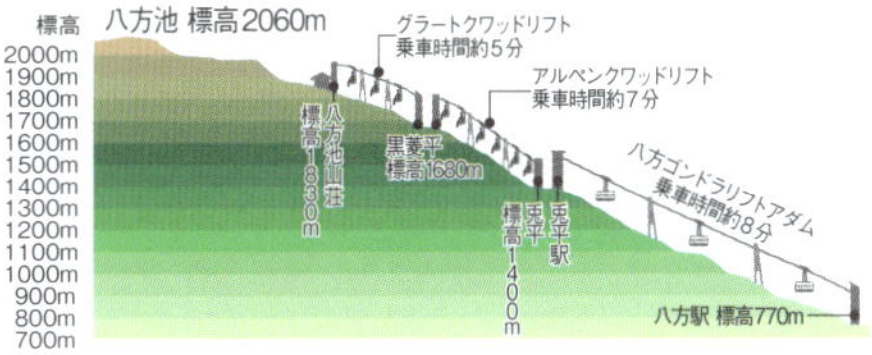
標高
八方池 標高2060m
2000m
1900m
1800m
1700m
1600m
1500m
1400m
1300m
1200m
1100m
1000m
900m
800m
700m
グラートクワッドリフト
乗車時間約5分
アルペンクワッドリフト
乗車時間約7分
八方池山荘
標高1830m
黒菱平
標高1680m
兎平
標高1400m
兎平駅
八方ゴンドラリフトアダム
乗車時間約8分
八方駅 標高770m

上信越道・長野IC → 車 47km → 八方駅 → ロープウェイ 8分 → 兎平 → リフト 7分 → 黒菱平 → リフト 5分 → 八方池山荘

立ち寄りGuide

白馬名物の日帰り湯もあり

322
八方
ゴンドラリフト
高速バスは
白馬八方バス
ターミナルに
到着
白樺ゲレンデ
八方駅
糸魚川
148
322
406
2 みみずくの湯
白馬駅
1 白馬ジャンプ競技場
長野県
白馬村
JR大糸線
148
大町
大町
N
0
400m

1 白馬ジャンプ競技場

施設から1km

長野オリンピックで使用されたジャンプ競技場。地上約140mのスタート地点まで登れる。☎0261-72-7611時8時30分～16時10分（季節により異なる）休4、12月の上旬～中旬、大会やイベント時料740円

2 みみずくの湯

施設から2km

露天風呂から八方尾根をバックに白馬三山の眺めが楽しめる。お肌がツルツルになると評判の湯。☎0261-72-6542時10時～20時30分（受付）休無休料700円

おすすめ周遊コース

1 白馬ジャンプ競技場 ← 2 みみずくの湯

白馬三山の美景に息を飲む

Hakuba Iwatake Mountain Resort

白《はく》馬《ば》岩《いわ》岳《たけ》マウンテンリゾート

長野県 | 白馬村 | 1280m | green season

真夏でも
氷河が
見られるのだ

白馬三山が目の前に広がる山頂テラス「白馬マウンテンハーバー」。ドリンクを片手に白馬の涼風が感じられる。

五感で大自然を感じるアクティビティも豊富

北アルプスに連なる岩茸山《いわたけやま》に広がる白馬岩岳マウンテンリゾート。

「白馬三山がいちばん美しく見える」地で、絶景を求めて訪れる人が増えている。

こうした絶景が楽しめる山頂テラスなどの施設に加えて、アクティビティが豊富なのが特徴だ。写真映え抜群の巨大なブランコやマウンテンバイク、乗馬体験、バギークルーズなど、岩岳の魅力がたっぷり楽しめる。

五感で大自然を感じる「白馬ヒトトキノモリ」、マイナスイオンたっぷりの「ねずこの森」でのトレッキングも楽しい。

Data

- 長野県北安曇郡白馬村北城12056
- 0261-72-2474
- 上信越自動車道・長野ICから48km P1000台
- JR大糸線・白馬駅から無料シャトルバス運行（期間限定）

Yoo-Hoo! SWING

大きなブランコをこいで気分爽快！

北アルプスの大自然に滑空するような爽快感が味わえる「Yoo-Hoo! SWING」。

曳き馬やホーストレッキングが体験できる（左）。2019年に氷河として認定された唐松沢雪渓をはじめ万年雪も見られる（上）。

国内最大級の超大型ブランコ「白馬ジャイアントスウィング」1000円（上）。森林浴ができるハンモックなどがある白馬ヒトトキノモリ（右）。

唐松岳
白馬槍ヶ岳
白馬岳
小蓮華山
白馬乗鞍岳
不帰ノ嶮

白馬マウンテンハーバー

北アルプスの絶景が目の前に

白馬マウンテンハーバーから見える北アルプスの後立山連峰の山々。白く見えるのは万年雪で白馬には全長3.5kmにおよぶ大雪渓がある。2019年に氷河に認定された唐松沢雪渓は唐松岳に位置する。

大自然に抱かれて 絶景グルメを召し上がれ

焼きたて
スコーンは
おいしい！
CHAVATY
TEA MILK

2

3

4

5

1 焼きたてスコーン 290 円とティーラテ 690 円が人気の「CHAVATY HAKUBA」。2 アイスティーラテのボトル 860 円。3 白馬マウンテンハーバーに隣接するニューヨーク発のベーカリー「THE CITY BAKERY」。4 高原野菜も味わえる「Hakuba DELI」。5 オマール海老のビスク「Soup Stock Tokyo 白馬店」700 円。

Check Point

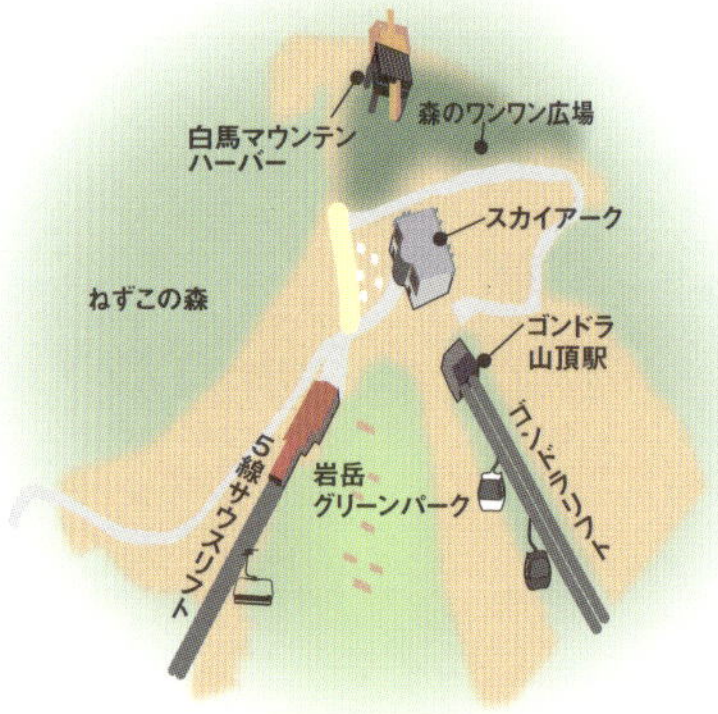
白馬マウンテン
ハーバー
森のワンワン広場
スカイアーク
ねずこの森
ゴンドラ
山頂駅
5線サウスリフト
岩岳
グリーンパーク
ゴンドラリフト

季節の見どころ

木々が芽吹く新緑の春、爽やかな風が駆け抜ける夏、森全体が赤黄に染まる紅葉の秋など、四季に応じて様々な表情を見せる。春から秋は森林浴に最適。

ゴンドラ情報

営4月下旬～11月中旬 時8時30分～17時 休無休 料往復2900円（ゴンドラリフト往復、5線サウスリフト往復を含む）

絶景ポイントへのアクセス

新ゴンドラリフトで360度ビューの空中散歩を

2024年12月に新ゴンドラリフトが誕生しより快適で便利に。山頂駅から白馬三山が目前に広がる白馬マウンテンハーバーまでは徒歩3分、ほぼ平坦な道のり。

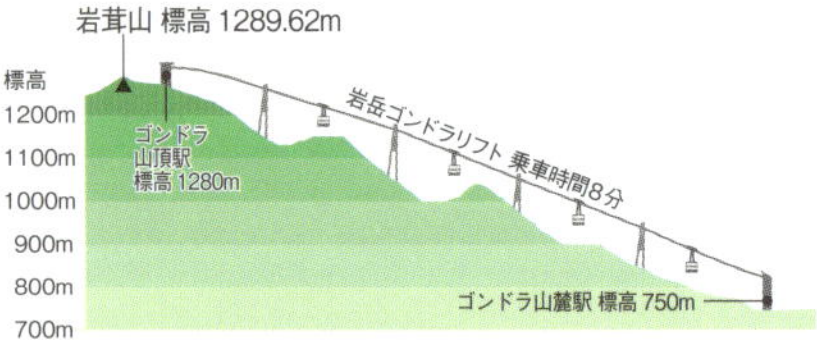
岩茸山 標高 1289.62m
標高
1200m
1100m
1000m
900m
800m
700m
ゴンドラ
山頂駅
標高 1280m
岩岳ゴンドラリフト 乗車時間8分
ゴンドラ山麓駅 標高 750m

上信越道・長野IC
…… 車 3.5km ……
下氷砺南交差点左折
…… 車 44.5km ……
ゴンドラ山麓駅
…… ゴンドラリフト 7分 ……
ゴンドラ山頂駅

立ち寄りGuide 白馬岩岳エリアの風情ある古い街並みも人気

① 岩岳の湯

施設から0.5km

ミネラル豊富な白馬姫川温泉の湯が楽しめる日帰り入浴施設。☎0261-72-8304 時13～21時（最終入館20時半）休グリーンとウインターシーズン以外※HPで要確認を 料700円

② 塩の道

施設から1km

江戸時代、日本海から内陸へ塩や海産物を運ぶ交易路だった千国街道「塩の道」。街道沿いの森の中は180体を超える石仏が並ぶ「観音原の石仏群」もある。

おすすめ周遊コース

① 岩岳の湯
↓
② 塩の道
↓
③ 白馬大橋
↓
④ 道の駅・中条

433
楠川
山麓駅
白馬岩岳マウンテンリゾート
② 塩の道 観音原の石仏群
① 岩岳の湯
糸魚川
148
千国街道（糸魚川街道）
長野県 白馬村
JR大糸線
信濃森上駅
白馬・大町
③ 白馬大橋 ④ 道の駅中条
0 200m

例年GW あたりに咲く 野平の一本桜

③ 白馬大橋

施設から2.2km

白馬大雪渓から流れる松川に架かる橋で「日本の道100選」にも選ばれた絶景スポット。橋上から清流とともに眺める白馬三山も美しい。橋の下は松川河川公園として整備されている。

④ 道の駅中条

施設から2.8km

道の駅
中条

地元で採れた新鮮な野菜や果物を農家の方が持ち寄りして販売する。食事処では中条の郷土食の麺料理「おぶっこ」やジビエも提供する。☎026-267-2188 時9～17時 休無休

国内最高標高の山頂駅が魅力に

Komagatake Ropeway

駒《こま》ヶ《が》岳《たけ》ロープウェイ

長野県 | 駒ヶ根市 | 2612m | all season

すごい
駒ヶ根市街地が
見渡せる

駒ヶ岳は1年を通してダイナミックな自然景観が楽しめる。日本最大の高低差があるこのロープウェイでは高山ならではの季節の変化も実感できる。

日本一の高低差を7分30秒で駆け上がる絶景ロープウェイ

名勝「千畳敷カール」にアクセスする駒ヶ岳ロープウェイ。伊那谷や南アルプスの名峰を一望できる絶景路線として通年多くの観光客や登山客で賑わう。起点のしらび平駅と終点の千畳敷駅の高低差は950mに及び、国内最大の高低差が楽しめるロープウェイとしても知られている。

日本最高所の駅の千畳敷駅は宿泊施設「ホテル千畳敷」やテラスが併設されており、登山やハイキング、絶景観光の拠点としても機能している。「ホテル千畳敷」の南アルプス側からは遠く富士山も一望できる。

Data

- 長野県駒ヶ根市赤穂759-489
- 0265-83-3107
- 中央自動車道・駒ヶ根ICから約2km(菅の台バスセンター) P300台
- JR飯田線・駒ヶ根駅からしらび平駅までバスで約50分

別天地！
雲上の世界

ロープウェイを下車するとそこは宝剣岳直下の「千畳敷カール」。氷河地形の絶景を堪能したい。

（上）しらび平駅で販売される「ライチョウペーパークラフト」。（左）しらび平駅から徒歩15分の「日暮の滝」。ロープウェイからも見物可。

（右）冬場になると沿線は一面の銀世界となる。（上）千畳敷駅は日本最高所の駅で、この地を訪れる鉄道ファンも少なくない。

ホテル千畳敷の南アルプス側

富士山も一望できる雲上テラス

ホテル千畳敷の南アルプス側からは富士山、北岳、間ノ岳と国内で1～3番目に標高が高い3峰をはじめとする山並みが一望できる。千畳敷カール側のテラスでは千畳敷カールの迫力に圧倒される。

標高2612mの絶景テラスから千畳敷の大パノラマを楽しむ

これぞ
大自然の
景観美～

2

3

4

1 絶景スポットのテラス「SO・RA・TO・KI」。2 ホテル千畳敷内の土産物店。登山用品のラインナップも充実している。3 千畳敷カールに面したホテル千畳敷内のレストラン「2612 Café&Restaurant」。4 天空世界で味わう特製オムライスは絶品。

Check Point

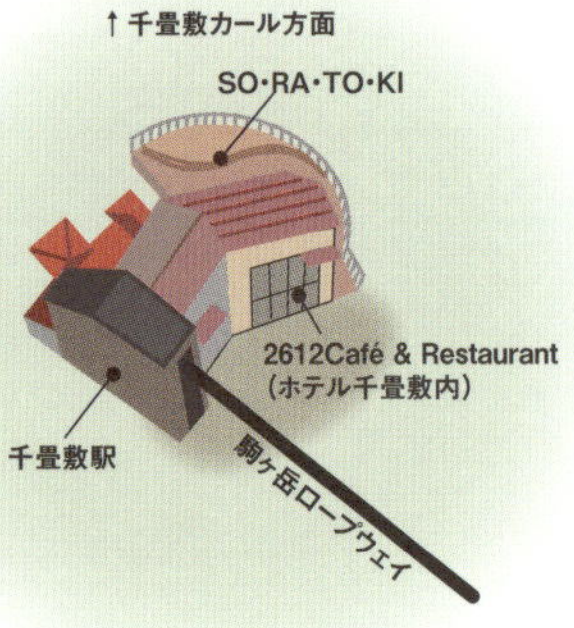
↑ 千畳敷カール方面
SO·RA·TO·KI
2612Café & Restaurant
（ホテル千畳敷内）
千畳敷駅
駒ヶ岳ロープウェイ

季節の見どころ

千畳敷カールは高山植物の宝庫。春から秋にかけて約150種類に及ぶ高山植物が色とりどりに咲き乱れる。写真のコバイケイソウは夏が見ごろ。

ロープウェイ情報

2612

営 通年 時 6～17時（時期により異なる） 休 無休（メンテナンス運休あり） 料 往復2290～3050円（菅の台～しらび平間のバス運賃は別途必要）

絶景ポイントへのアクセス

ロープウェイ最高所から迫力の全景を楽しむ

車は菅の台バスセンターに駐車（駐車場・1日800円）、しらび平（山麓駅）行きへのバス乗車が必要。千畳敷（山頂駅）には諸施設が併設されており便利。

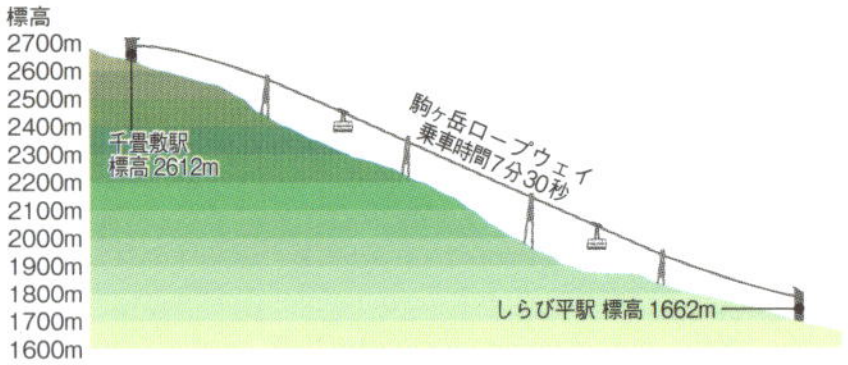
標高
2700m
2600m
2500m
2400m
2300m
2200m
2100m
2000m
1900m
1800m
1700m
1600m
千畳敷駅
標高 2612m
駒ヶ岳ロープウェイ
乗車時間7分30秒
しらび平駅 標高 1662m

中央道・駒ヶ根IC …… 車 2km …… 菅の台バスセンター …… バス 30分 …… しらび平駅 …… ロープウェイ 7分30秒 …… 千畳敷駅

立ち寄りGuide

中央アルプス山麓の観光エリアを回遊する

立ち寄りGuideの距離は菅の台バスステーションからの距離です。

❶ 伊那谷 ぴんころ神社

菅の台から0.7km

人生を最後まで元気に幸せに楽しむ「健康長寿祈願」の神社。長寿の象徴である亀を御神体として祀る。健康祈願のおおわらじを踏むと足腰が丈夫になるという。参拝時間は9～17時。

❷ 駒草屋

菅の台から0.6km

五平餅
五平餅
蕎麦処

ざるそば用の「細打ち」と、かけそば用の「中太打ち」の2種の信州そばを提供する地元の有名店。0265-83-4505 時 11時～売り切れ次第終了 休 火(冬季は火・水) ※臨時休業あり

おすすめ周遊コース

❶ 伊那谷 ぴんころ神社
↓
❷ 駒草屋
↓
❸ 駒ヶ根ファームス
↓
❹ 明治亭 中央アルプス登山口店

市役所旧庁舎を活用した駒ヶ根市郷土館

岡谷 JCT
0
2km
中央アルプス
駒ヶ岳ロープウェイ
長野県
宮田村
しらび平駅
75
中央自動車道
3 駒ヶ根
ファームス
菅の台バスセンター
駒ヶ根IC
1 伊那谷
ぴんころ神社
2 駒草屋
4 明治亭
中央アルプス登山口店
駒ヶ根市
郷土館
駒ヶ根駅
JR飯田線
小町屋駅
153
長野県
駒ヶ根市
飯田
伊那福岡駅

❸ 駒ヶ根ファームス

菅の台から0.3km

観光案内所、南信州ビール直営レストラン、おみやげショップ、農産物直売所などがある複合施設。0265-81-7700 時 9～18時（季節によって変動あり）※注欄外 休 無休（冬季は木曜）

❹ 明治亭 中央アルプス登山口店

菅の台から0.3km

ご当地名物として人気の明治亭「ソースかつ丼」。信州産の柔らかい豚を使った豚カツに、たっぷりかかった特製ソースがクセになる美味しさ。0265-82-1233 時 11～15時 休 無休

※(注)「おみやげショップこまかっぱ」の営業情報。その他の店舗の営業時間や定休日は店舗によって異なる。

2000m級の天空ポイントが連なる

Tateyama Kurobe Alpen Root

立《たて》山《やま》黒《くろ》部《べ》アルペンルート

富山県／長野県　立山町／大町市

大観峰
美しい
大パノラマが
目の前に！

標高2316mの大観峰の展望台からは後立山連峰や黒部湖が一望できる

約37kmの山岳ルート全てが絶景ポイント

立山黒部アルペンルートは北アルプスを貫く山岳観光ルートだ。総延長37・2kmで、最大高低差1975m。自然が作り上げた壮大な景色に圧倒される。

入口は富山県側の立山駅と長野県側の扇沢駅の2カ所。乗り物を乗り継いで、室堂、大観峰、黒部平といった、景勝地を巡ることができる。ポイントはすべて2000m前後で平野部より気温がかなり低い。服装と持ち物に十分に注意して訪れたい。

例年4月中旬にオープンし、11月末までの営業予定。残雪の春から紅葉の秋まで、ここでしか見られない絶景が展開する。

Data

富山県立山町～長野県大町市

076-481-1500

立山駅へ：北陸自動車道・立山ICから約35分、Ⓟ900台。扇沢駅へ：長野自動車道・安曇野ICから約1時間、Ⓟ580台

＊公共交通機関利用の場合は下記参照

＊公共交通機関利用の場合　立山駅：富山地方鉄道・電鉄富山駅から約1時間。扇沢駅：JR大糸線・信濃大町駅からバスで約40分

黒部平

絶景を
見上げながら
一服

木製のテーブルと椅子が用意されている黒部平パノラマテラス。ゆっくり絶景を楽しみたい。

室堂

立山黒部アルペンルートの最高地点、室堂はアルペンルート観光の拠点だ（左）。北アルプスで最も美しいといわれるみくりが池（上）。

美女平

美女平駅の屋上には展望台があり（上）、駅周辺はブナの森が続く。展望台からは立山駅周辺や、遠くは富山平野まで眼下に広がる（右）。

黒部ダム

高さ186m、長さ492mの黒部ダムから毎秒10万ｔ以上の水が噴き出される（左）。ダムの堰堤からは黒部の山々や湖などの景色が楽しめる（上）。

長野県側から Start

扇沢駅
から出発する時は

長野県側の出発点の扇沢駅は、1階が路線バスのターミナル、2階が売店や関電トンネル電気バスの乗り場がある。

長野自動車道・安曇野ICから約1時間

1 13 関電トンネル電気バス

6.1km | 16分

元はダム建設の資材運搬用のトンネル内を走行する。2019年にトロリーバスから電気バスに交換された。

2 12 黒部ダム駅・黒部湖駅

1 新展望広場の特設会場では、昼夜を徹して進められた工事の様子を再現。2 放水を見ながら休憩できるレストハウスは軽食やお土産物を販売。3 名物のダムカレーは、ライスでダムを表現した。ルーにはほうれん草を使用。

立山黒部アルペンルート 乗り物&ポイント

ルートの中では室堂がピーク。立山駅側から、または扇沢駅側から、どちらから入り乗り物を乗るか、事前に計画を立てて行動したい。

6 立山 標高 3015m
7 7 立山トンネル電気バス
6 8 大観峰
立山ロープウェイ
4 10 黒部平
3 11 黒部ケーブルカー
赤沢岳 標高 2678m
450m
2316m
5 9
1828m
黒部湖
黒部ダム
1455m
1470m
2 12
←富山県
長野県→
関電トンネル電気バス
1 13
扇沢
1433m
信濃大町方面→

富山県側から Start

立山駅
から出発する時は

ロッジ風の駅舎は1階が富山地方鉄道、2階からケーブルカーが発着する。きっぷ売り場はバスのりば前にあり。

北陸自動車道・立山ICから約35分

13 1 立山ケーブルカー

1.3km | 7分

平均斜度24度の坂を走るケーブルカーは下り側に荷台が付いており、大きな荷物はここに積むことが可能。

12 2 美女平

恋の願いをかなえるという言い伝えがある、美女平駅のシンボルの「美女杉」。駅のすぐ脇に立っている。

11 3 立山高原バス

15km | 30分

アルペンルート内を走る高原バスは、ハイブリッドシステムや最新のクリーンディーゼルエンジンを搭載する。

6 8 標高 2316m

大観峰

1 大観峰駅は標高 2316m。展望が素晴らしい。2 木製の椅子やテーブルが用意されている「雲上テラス」。

5 9

立山ロープウェイ

1.7km | 7分

自然環境の保護などのため、大観峰から黒部平まで1本も支柱が設けられていない。車内から見る景観はまさに絶景！

4 10

黒部平

大きなダム湖と雄大な山々が一度に楽しめる。近くの庭園には高山植物が生え、季節ごとに彩りを変える。

3 11

黒部ケーブルカー

0.8km | 5分

標高差約400m、最大斜度31度の急斜面を上り下り。自然保護と雪害防止の観点から、全線が地下を走る。

7 7

立山トンネル電気バス

3.7km | 10分

立山の主峰、雄山の直下を貫く立山トンネルは、2025年4月15日から新型の電気バスの運行に変更された。

9 5
立山高原バス
天狗平
2300
10 4
弥陀ヶ原
1930m
11 3
立山高原バス
13 1
立山ケーブルカー
12 2
美女平
977m
富山駅方面←
立山駅
475m

8 6

室堂・室堂ターミナル

1 雄山からわき出る「立山玉殿の湧水」は、環境省の「名水百選」にも選ばれている。2 室堂内のホテル立山の「アルペンカツカレー」2000円。3 1階には簡易郵便局があり、切手や特製のはがきを販売している。もちろん投函も可能だ。

9 5

立山高原バス

8km | 20分

美女平～室堂間を結ぶ立山高原バスは全員着席制で、各駅停車のほかノンストップの直行便も設定されている。

10 4

弥陀ヶ原

ラムサール条約に登録された湿地が広がる立山弥陀ヶ原・大日平へは、このログハウス風のバス停で下車する。

立ち寄りGuide

信州ならではの温泉や山菜、地粉の手打ちそばも

② 上原の湯

葛温泉から引き湯された源泉掛け流しの温泉。市民の憩いの場であり、観光・登山客の疲れを癒やす。℡0261-22-2759 時9時～19時30分（受付） 休第2・4火曜日 料500円

① 日向山茶屋

標高800mで栽培されたそば粉で打ったそばや、地元の食材を使ったおやきなどを提供する。℡0261-23-4456 時11～18時 休木曜日（営業期間は4月下旬～11月上旬）

おすすめ周遊コース

扇沢駅（長野県）
↓
① 日向山茶屋
↓
② 上原の湯

扇沢駅から大町方面へは県道45号で

立山の自然を知り温泉でのんびり

② ホテル森の風立山

立山山麓の森に包まれて立つホテルで、日帰り入浴も受け付けている。大浴場と露天風呂がある。℡0120-111-680 時15～17時（受付。土日祝日は12時～） 休不定休 料900円

① 立山カルデラ砂防博物館

立山や立山カルデラの自然・歴史とともに、常願寺川に流れる土砂を防ぐ日本屈指の砂防の仕組みを紹介。℡076-481-1160 時9時30分～17時（入館は16時30分まで） 休月・祝日の翌日、年末年始 料400円

おすすめ周遊コース

立山駅（富山県）
↓
① 立山カルデラ砂防博物館
↓
② ホテル森の風立山

富山側からは富山地方鉄道が便利

360度を見渡す雲海テラスへ

Hakkaisan Ropeway

八海山《はっかいさん》ロープウェー

新潟県 | 南魚沼市 | 1147m | green season

1 山頂駅横テラスから雲海を眺める。2 ロープウェーからも美しい紅葉と魚沼平野が見渡せる。3「南魚沼のおいしい湧水」として販売される八海山の冷水。山麓駅入り口に湧く。

展望台から望む魚沼の絶景

八海山は、越後駒ヶ岳、中ノ岳とともに越後三山として知られている。夏は涼しく、秋は見事な紅葉を、冬はスキーが楽しめる。

360度の大パノラマが広がる山頂駅の展望台では、晴れていれば日本海や佐渡島までを見渡せる。雲海ロープウェーが運行される秋の早朝は雲海発生率が高く、条件がそろえば幻想的な雲海を鑑賞できる。

立ち寄りGuide

魚沼の里

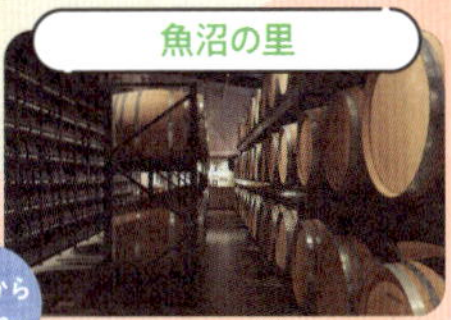

施設から8km

八海醸造が運営する酒造蔵や食事処、ショップが点在する複合施設。焼酎貯蔵庫で記念日まで保存してくれるメモリアル焼酎なども販売。☎0800-800-3865

Data

- 新潟県南魚沼市山口1610
- 025-775-3311
- 関越自動車道・六日町ICから約12km Ⓟ1000台
- JR上越線・六日町駅からバスで約30分

Check Point

絶景ポイントへのアクセス

山頂駅から5分ほど歩いて展望台へ。上信越の山々や佐渡島までを見渡す、360度の大パノラマが楽しめる。ロープウェーから望む雄大な山々の景観も素晴らしい。

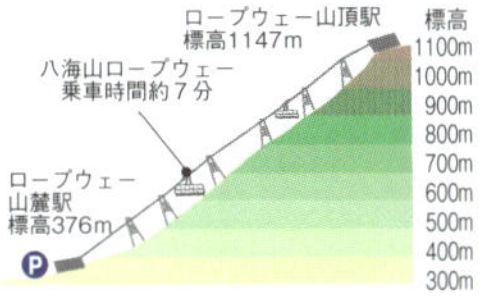
ロープウェー山頂駅
標高1147m
八海山ロープウェー
乗車時間約7分
ロープウェー
山麓駅
標高376m
標高
1100m
1000m
900m
800m
700m
600m
500m
400m
300m

山頂駅 …… ロープウェー 7分 …… 山麓駅 …… 車 12km …… 関越道・六日町IC

季節の見どころ

春の妖精とも呼ばれる薄紫色が美しいカタクリの花。例年4月下旬頃、ロープウェー山麓付近にカタクリの群生地が出現する。

ロープウェイ情報

営4月下旬～11月上旬 時8～16時 休無休（5月はGW後平日のみ休み※HPで確認を）料往復2600円～※価格変更予定あり

南魚沼の美しい風景を見渡す

The Veranda Ishiuchimaruyama

ザ・ヴェランダ石《いし》打《うち》丸《まる》山《やま》

新潟県　南魚沼市

ISHIUCHI
広い
草原から
田園を俯瞰

広々としたフィールドラウンジでは思いのままにくつろげる。

2022年オープン 新設の展望スポット

冬のスキーで人気の施設だが、2022年からは夏営業も開始。ゴールデンウィークから11月上旬頃まで、南魚沼の絶景が楽しめる。標高差約300mを7分の空中散歩で結ぶゴンドラは全面ガラス張りのキャビンで、越後三山などの山並みと開けた田園風景を眺められる。

山頂には草原にとんがり屋根のテント（無料）やイスを配したフィールドラウンジが広がり、カフェにつながる展望テラスでは景色を眺めながらのんびりくつろげる。さらにグリーンリフトの乗り場近くには景色のいい有料席もある。

Data

- 新潟県南魚沼市石打1699
- 025-783-2222
- 関越自動車道・塩沢石打ICから約4km
- P500台
- JR上越新幹線・越後湯沢駅から車で約10分

リフト降りてすぐテラス！

山頂駅の脇にあるハンギングチェアは絶景フォトのベストスポット。

プライベート空間で手軽にグランピング体験ができるドームテントはエアコンも完備。小サイズと大サイズがあり、80分単位で貸し出し。

山麓にあるリゾートセンターは受付のほか、アウトドアグッズや地元の名産品なども販売。スタンドカフェやラウンジスペースもある。

フィールドラウンジから見る水田

フィールドラウンジから巻機山と金城山、遠景に八海山や越後駒ヶ岳、中ノ岳が望める。眼下には魚沼平野の田園風景が一望でき、田んぼに水を張った5月になると水鏡のように空と風景を映して美しい。

展望テラスのソファーから雄大な景色のパノラマを

ティータイムはここで

1 展望テラスは眺望抜群。2 展望テラスに併設のテラスカフェ。3 テラスカフェでは「雪山のパンケーキ」「海と山の旨味カレー」などが味わえる。4 2023年オープンの「六華」では銘酒八海山や麹を使ったドリンクも。

Check Point

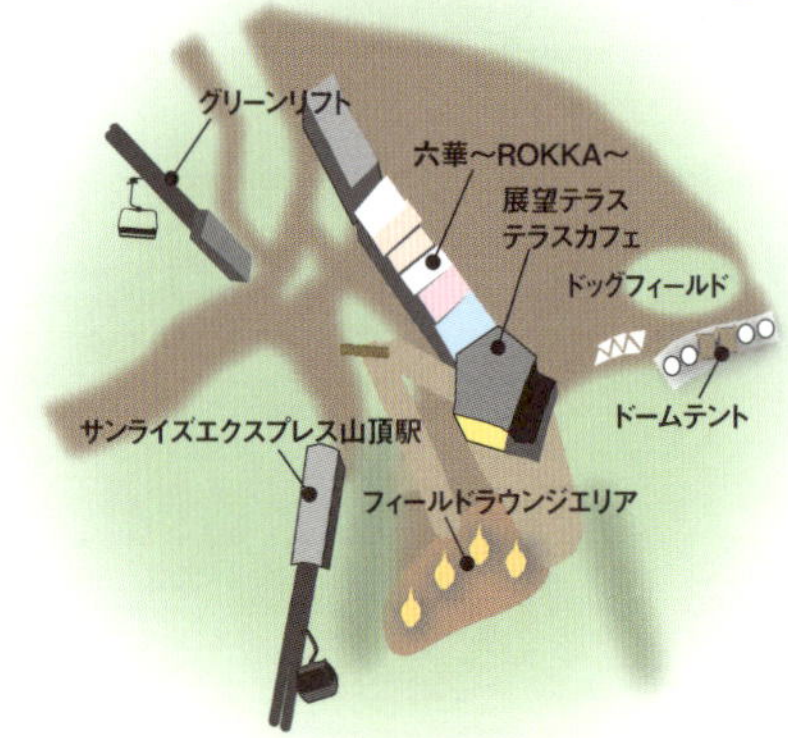

グリーンリフト
六華～ROKKA～
展望テラス
テラスカフェ
ドッグフィールド
ドームテント
サンライズエクスプレス山頂駅
フィールドラウンジエリア

季節の見どころ

7～9月の土曜、休前日を中心に、夕焼けに染まるトワイライトや幻想的な魚沼市街の夜景などが見られるナイトテラスを開催。

ゴンドラ情報

営7月上旬～11月上旬 時10時30分～17時 休無休 料往復2800円（グリーンリフトを含む）

絶景ポイントへのアクセス

展望スポットは山頂駅周辺に

山頂駅の周辺にフィールドラウンジや展望テラスなどの絶景ポイントがある。秋は期間限定でここと湯沢高原パノラマパーク（P96）を結ぶ無料送迎車を運行。

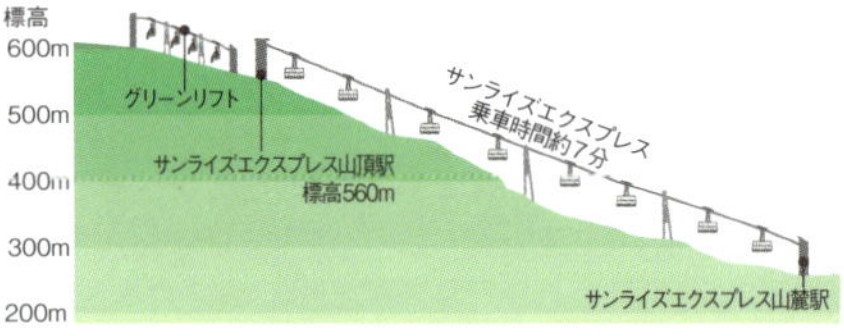

標高
600m
500m
400m
300m
200m
グリーンリフト
サンライズエクスプレス山頂駅
標高560m
サンライズエクスプレス
乗車時間約7分
サンライズエクスプレス山麓駅

関越道・塩沢石打IC …車 4km… リゾートセンター …徒歩 すぐ… サンライズエクスプレス山麓駅 …ゴンドラ 7分… サンライズエクスプレス山頂駅

立ち寄りGuide

近接する石打丸山と湯沢高原、両方を楽しみながら周遊

① 清津峡

施設から11km

日本三大峡谷のひとつで、清津川を挟んで柱状節理の巨大な岩壁がそびえる。全長750mのトンネルにある3カ所の見晴所と、最奥のパノラマステーション(水鏡)から峡谷美を堪能できる。

② アルプの里

施設から5km

湯沢高原ロープウェイで行く高山植物園。あやめヶ池やロックガーデンがあり、グリーンシーズンには約200種類の高山植物や山野草を観察できる。

おすすめ周遊コース

① 清津峡
↓
② アルプの里
↓
③ 駒子の湯
↓
④ ぽんしゅ館 越後湯沢驛店
↓
湯沢IC

越後湯沢といえば小説「雪国」

③ 駒子の湯

施設から5km

川端康成の小説「雪国」のヒロインにちなんだ共同浴場温泉で、「雪国」の展示コーナーもある。☎025-785-7660 時10～21時 休無休 料500円※湯沢高原パノラマパークから徒歩10分

④ ぽんしゅ館 越後湯沢驛店

施設から6km

新潟の地酒を一堂に集め、唎酒500円ができるほか、新潟の各種名産品を販売。酒風呂950円もある。☎025-784-3758 時9時30分～19時 休駅ビルに準じる

雲海の眺望と高山植物の宝庫

Yuzawakogen Panorama Park

湯《ゆ》沢《ざわ》高《こう》原《げん》パノラマパーク

新潟県 | 湯沢町 | 870m | green season

温泉街も
越後三山も
一望

kumo café open deckの開放的なオープンデッキは思い思いにくつろげる。

開放感と癒しを感じる新設の展望デッキ

世界最大級の166人乗りロープウェイで行く山頂駅に、2024年9月にkumo café open deckが完成。柵のないデッキからは越後湯沢温泉街を眼下に見下ろし、越後三山、日本百名山の巻機山《まきはたやま》、谷川連峰などを一望できる。春と秋には雲海が見られることも。テーブル席や足湯が設置され、景色を見ながらくつろげる。

山頂駅から坂を上ると（無料バスも運行）、レストランやボブスレー、やまびこリフトの乗り場がある。リフトを下るとアルプの里の入口のあやめヶ池。水面に映る雄大な峰々が美しい。

Data

- 新潟県南魚沼郡湯沢町湯沢490
- 025-784-3326
- 関越自動車道・湯沢ICから3km Ⓟ500台
- JR上越新幹線・越後湯沢駅から徒歩8分

高山植物が咲く高原を散策し アクティビティも楽しむ

写真映え
ナンバー1！
1

2

3

4

kumo café

5

1 あやめヶ池のモニュメントチェアは絶好のフォトスポット。2 サマーボブスレー1000円～などアクティビティも充実。3 kumo café open deckの足湯。4 パノラマステーションはカフェを併設。5 kumoパフェ500円。

Check Point

アルプの里
マウンテンゴーカート（夏季）
展望レストラン
エーデルワイス
リストランテ・ピッツェリア
アルピナ湯沢高原
オープンデッキ
kumo cafe
パノラマステーション
（山頂駅）

季節の見どころ

レストラン「エーデルワイス」から少し下ったところにある「風の丘テラス」は、盛夏になると色とりどりの花が咲きそろう。

ロープウェイ情報

営4月26日～11月9日 時8時40分～16時20分 休5月7日～5月23日 料往復2800円（リフト含む）

絶景ポイントへのアクセス

グルメを味わいながらの眺望も

パノラマステーション（山頂駅）を出るとすぐkumo café open deck。坂を上がったところにあるレストラン「エーデルワイス」からの眺望も素晴らしい。

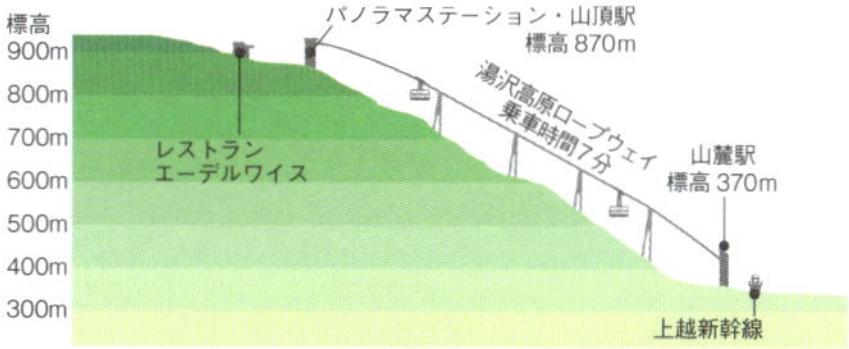
標高
900m
800m
700m
600m
500m
400m
300m
パノラマステーション・山頂駅
標高 870m
レストラン
エーデルワイス
湯沢高原ロープウェイ
乗車時間7分
山麓駅
標高 370m
上越新幹線

関越道・湯沢IC ……車 3km…… 湯沢高原パノラマパークロープウェイステーション ……ロープウェイ 7分…… パノラマステーション

＊立ち寄りGuideは最寄りの石打丸山の施設とともにP095で紹介

山頂のタワーから越後平野を一望

Yahikoyama Ropeway

弥《や》彦《ひこ》山《やま》ロープウェイ

新潟県　弥彦村　550m　all season

1 山麓駅や山頂公園で見られる約1万本の紫アジサイは6月中旬〜7月上旬が見頃。2.3 山頂公園から日本海、遠方に佐渡島が一望できる。絶景「パノラマタワー」650円も人気。

越後平野&日本海の眺め

麓に鎮座する弥彦神社拝殿脇から無料バスに乗ってロープウェイ山麓駅へ。ロープウェイでは越後平野を眺めながら空中散歩を楽しもう。

弥彦山頂公園には高さ100mのパノラマタワーや展望レストラン（両施設とも冬季休業）があり、天気が良ければ日本海や佐渡までを一望できる。山頂まで徒歩20分、彌彦神社の御神廟にもぜひ訪れたい。

Data

- 新潟県西蒲原郡弥彦村弥彦2898
- 0256-94-4141
- 北陸自動車道・三条燕ICより約13km
- Ⓟなし（彌彦神社周辺駐車場を利用）
- JR弥彦線・弥彦駅よりシャトルバスまで徒歩15分

立ち寄りGuide

彌彦神社

施設から0.7km

万葉集にも詠まれる由緒ある古社。「おやひこさま」と親しまれ参拝者が絶えない。樹林に覆われた境内で森林浴も楽しめる。参拝自由。0256-94-2001

Check Point

絶景ポイントへのアクセス

ロープウェイ以外に、弥彦山スカイライン山頂駐車場からもアクセス可能だ。クライミングカーで9合目の展望食堂に行くことができる（冬季休業※HPで確認を）。

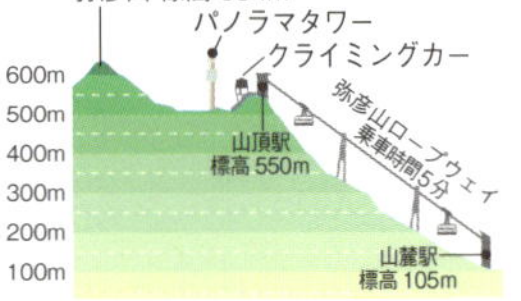
弥彦山 標高634m
パノラマタワー
クライミングカー
600m
500m
400m
300m
200m
100m
山頂駅
標高550m
弥彦山ロープウェイ
乗車時間5分
山麓駅
標高105m

山頂駅 …ロープウェイ 5分… 山麓駅 …シャトルバス 3分… 弥彦神社拝殿脇 …車 13km… 北陸道・三条燕IC

季節の見どころ

眼下に広がる緑と赤のコントラストが美しい弥彦山の紅葉。例年10月中旬頃、山頂から始まり11月中旬に山麓でも見頃を迎える。

ロープウェイ情報

山麓駅

営 通年 時 9〜17時(12〜3月は〜16時) ※HPで確認を 休 無休(12〜3月は火曜休) 料 往復1500円

東海・近畿の

Tokai / Kinki

天空テラス
&展望台

新神戸駅に近い神戸布引ハーブ園／ロープウェイ。夜景が素晴らしい。

P106 新穂高ロープウェイ
P117 天橋立ケーブルカー
岐阜県
伊豆パノラマパーク P100
P112 びわ湖バレイ
比叡山坂本ケーブル P118
P110 ぎふ金華山ロープウェー
P116 八幡山ロープウェー
兵庫県
京都府
滋賀県
愛知県
静岡県
P115 御在所ロープウエイ
大阪府
三重県
P120 神戸布引ハーブ園／ロープウェイ
P122 摩耶ロープウェー&摩耶ケーブル
日本平夢テラス
日本平ロープウェイ P104
奈良県
P119 高野山ケーブルカー
和歌山県

びわ湖バレイのテラスからは琵琶湖の迫力ある眺望が楽しめる。

葛城山山頂から望む海と富士山

Izu Panoramapark

伊《い》豆《ず》パノラマパーク

静岡県 | 伊豆の国市 | 452m | all season

大パノラマに
包まれて
ティータイム

水盤越しに眼下に広がる山並みと、雄大な富士山の景色を眺められる「ザ・ウォーターラウンジ」

進化を続ける 山頂の展望エリア

ロープウェイで約7分、たどり着いた葛城山山頂の展望エリアが「碧《あお》テラス」。ブルーの水盤は富士山を一層美しく見せる。2軒のカフェがあり、カウンター席やラウンジで富士山の絶景を楽しみながらくつろげる。

2024年11月にオープンしたグランドループは、ループ型の回廊をたどって富士山と駿河湾が織りなす景観を観賞できる。山頂展望台は25年夏にアクアリングとしてリニューアルオープン。水盤を配して360度のパノラマを浮遊感と共に堪能できる。同時に散策路の途中に森のテラスもオープン予定だ。

Data

- 静岡県伊豆の国市長岡260-1
- 055-948-1525
- 伊豆中央道・伊豆長岡ICから約0.4km
- P 200台
- 伊豆箱根鉄道・伊豆長岡駅からバス15分、市役所前下車すぐ

絶好の撮影スポット

スロープを１周半するグランドループは駿河湾と富士山を一望でき、崖に突き出したテラスが人気。

「かつらぎ茶寮」では駿河湾と富士山の絶景を眺めながら軽食やスイーツなどが味わえる。個室感覚の洋風東屋（45分3000円～）も設置。

（上）「フラワークラフト富士」は四季折々の草花で形作られた小型の富士山。（右）「富士見の足湯」で絶景を見ながらのんびり。

山頂は海と富士山が望める特等席

駿河湾と愛鷹山、その後方にそびえる富士山の眺望が素晴らしい。反対側の天城ルートやグランドループからは、狩野川と流域の市街、天城山なども一望でき、また違った魅力がある。

爽快な「碧テラス」から眺める景色は一幅の絵画のよう

山頂には
おしゃれ
カフェも
1

2

3

4

5

6

1 山頂の「碧テラス」からの絶景。2 ここでしか買えない商品も。3 山麓駅のショップ「ブルーマーケット」。4 山麓駅の「伊豆パラディーゾ」で本格イタリアンを堪能。5.6 メインと前菜などのセットで 2750 円～。

Check Point

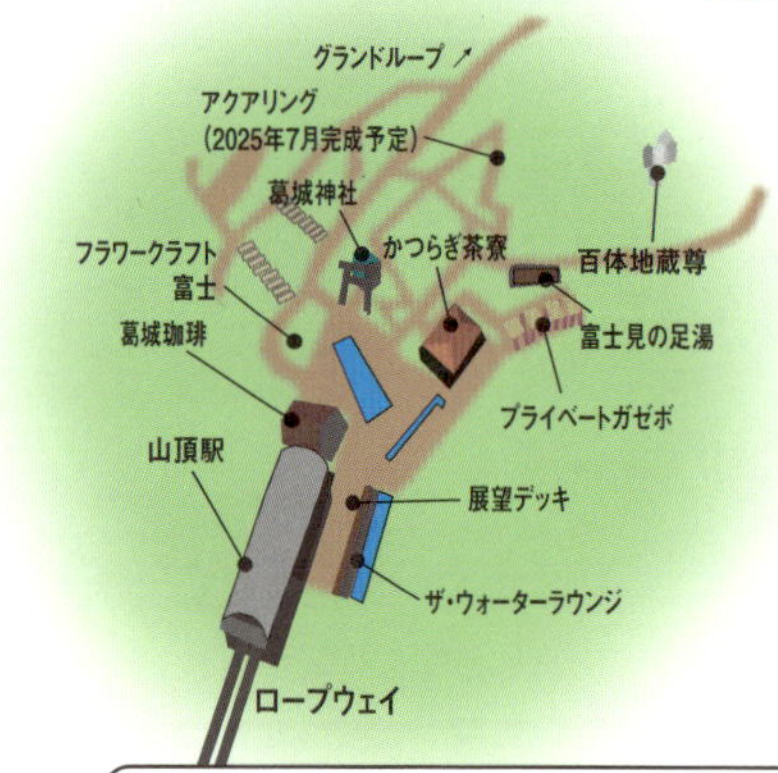
グランドループ ↗
アクアリング
(2025年7月完成予定)
葛城神社
フラワークラフト
富士
かつらぎ茶寮
百体地蔵尊
富士見の足湯
葛城珈琲
プライベートガゼボ
山頂駅
展望デッキ
ザ・ウォーターラウンジ
ロープウェイ

季節の見どころ

2024年11月にリニューアルオープンしたフォレストウォークは、秋には色鮮やかな紅葉のトンネルをくぐるような感覚で散策が楽しめる。

ロープウェイ情報

営通年 時9～17時（10月中旬～2月中旬は～16時30分）休6月に約3週間 料往復3500円

絶景ポイントへのアクセス

ICから直近！「碧テラス」へも好アクセス

伊豆長岡ICから数分の好アクセス。ロープウェイは伊豆中央道の上を横切って山頂へ。山頂駅から「碧テラス」はすぐ。最奥のグランドループへは徒歩10分ほど。

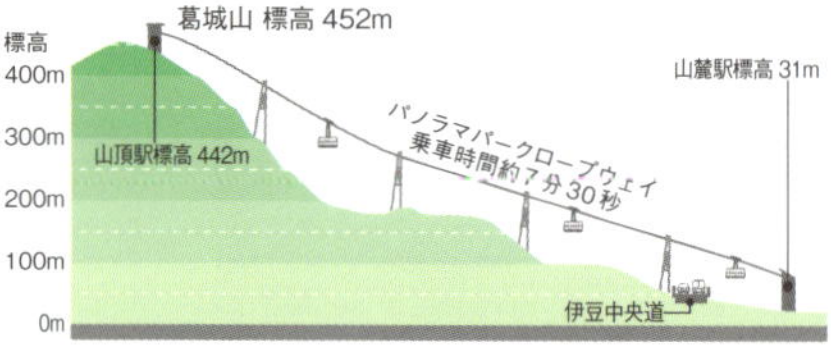
葛城山 標高 452m
標高
400m
300m
200m
100m
0m
山頂駅標高 442m
山麓駅標高 31m
パノラマパークロープウェイ
乗車時間約７分 30 秒
伊豆中央道

山頂駅 ······ ロープウェイ 7分30秒 ······ 山麓駅 ······ 車 0.4km ······ 伊豆中央道・伊豆長岡IC

立ち寄りGuide

貴重な文化財から 家族で楽しめるスポットまで

① 韮山反射炉

施設から4km

江戸時代末期に築かれた大砲鋳造炉で世界文化遺産。📞055-949-3450 時9〜17時(10月〜2月は〜16時30分) 休第3水曜 料500円（江川邸との共通券900円）

② 江川邸

施設から7km

史跡「韮山役所跡」内、源頼親を初代とする江川家の主屋や書院、蔵などが残る。重文。📞055-940-2200 時9時〜16時30分 休水曜 料750円（韮山反射炉との共通券900円）

おすすめ周遊コース

① 韮山反射炉
↓
② 江川邸
↓
③ 伊豆・三津シーパラダイス
↓
④ 修善寺時之栖 百笑の湯
↓
大仁南I.C

東名・沼津ICからも25分と近い

③ 伊豆・三津シーパラダイス

施設から4km

自然の入り江を利用した水族館で、駿河湾の生物を中心に展示。イルカや海獣のショーなども楽しめる。📞055-943-2331 時9〜17時(最終入場16時) 休無休 料2400円

④ 修善寺時之栖 百笑の湯

施設から6km

野趣あふれる露天風呂のほか、陶器風呂や寝湯、炭酸泉などバリエーション豊かな風呂が揃う。サウナの種類も多い。
📞0558-73-1126 時10時30分〜23時 休無休 料990円〜

富士山と駿河湾を望む展望回廊

Nihondaira Yume-terrace

日《に》本《ほん》平《だいら》夢《ゆめ》テラス

日本平ロープウェイ

静岡県 ｜ 静岡市 ｜ 300m ｜ all season

朝と夕方の
富士山が
最高！

展望回廊から日本平夢テラスの屋根の向こうに清水港、富士山を望む。

自然と調和した建物と終日利用できる回廊

日本平は標高307mの有度《うど》山《やま》を中心とした丘陵地だ。2018年にオープンした日本平夢テラスは、高さ約13mの3階建ての建物と、1周約200mの展望回廊、四季折々の花が咲く庭園からなる。建物1階は日本平の歴史と文化をパネル展示。2階はお茶カフェがあり、3階はガラス張りで、その外周に展望フロアが巡っている。

青空に稜線がくっきりと浮かぶ富士山は、雄大で優美だ。下方に清水港のコンビナートと市街地が広がり、目を転じると三保の松原も見える。清水港が光に照らされる夜景も美しい。

Data（日本平夢テラス）

- 静岡県静岡市清水区草薙600-1
- 054-340-1172
- 東名高速道路・清水ICから12km Ⓟ140台
- JR東海道新幹線・静岡駅から日本平線バス40分、日本平夢テラス入口下車、徒歩5分

日本平夢テラス：時9～17時（土曜は～21時。展望回廊は24時間）休第2火曜（祝日の場合は翌平日）料無料

Check Point

季節の見どころ

例年1月初旬に日本平梅園の紅白梅、のちに河津桜が咲き、3月下旬〜4月上旬は約200本のソメイヨシノが見頃。

ロープウェイ情報

営通年 ☎054-334-2026 住静岡県静岡市清水区草薙597-8 P90台 休無休 時9時10分〜16時45分 料往復1250円

絶景ポイントへのアクセス

絶景を堪能してから家康公参拝へ

好展望を堪能できる日本平夢テラスへは車でアクセスできる。臨時駐車場もある。日本平ロープウェイで下って行くと久能山東照宮だ。

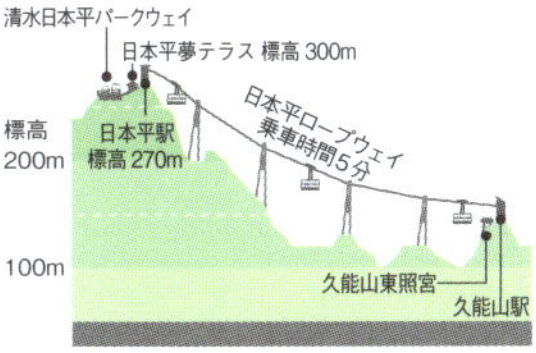
清水日本平パークウェイ
日本平夢テラス 標高300m
日本平ロープウェイ 乗車時間5分
標高 200m
日本平駅 標高270m
100m
久能山東照宮
久能山駅

久能山駅 …… ロープウェイ 5分 …… 日本平駅 …… 徒歩 5分 …… 日本平夢テラス …… 車 12km …… 東名高速・清水IC

360度の大パノラマが魅力

法隆寺夢殿にヒントを得たという八角形の建物と日本平デジタルタワー（電波塔）を取り囲んで展望回廊が巡っている。

1 隈研吾建築都市設計事務所が設計を手がけた建物。2 八角形の天井の梁にも静岡県産のヒノキなどを使い、幾何学的な配置が印象的。3 2階の「茶房夢テラス」で静岡茶を。

立ち寄りGuide

国宝の極彩色の御社殿は必見

久能山東照宮

徳川家康公の日常品や徳川歴代将軍の武器・武具などを展示した博物館。

施設から1.5km

武田信玄が城砦とした久能城を廃して、1617年に徳川家康公を祀る東照宮が創建された。☎054-237-2438 時9〜17時 休無休 料700円（博物館との共通券1200円）

清水
静岡市清水区
日本平夢テラス
日本平駅
日本平ロープウェイ
日本平パークウェイ
東名高速道路
74
静岡県
静岡市葵区
久能山東照宮
久能山駅
日本平久能山スマートIC
静岡
静岡市内
150
三保松原
駿河湾
N
0
600m

2階建てロープウェイで天上世界へ

Shinhotaka Ropeway

新《しん》穂《ほ》高《たか》ロープウェイ

岐阜県 | 高山市 | 2156m | all season

北アルプスに
手が
届きそう
北アルプスの山並みが一望できる槍の回廊の展望台

2階建てロープウェイで一気に目指す雲上世界

北アルプスの千石尾根を縦貫する絶景路線で、新穂高温泉〜鍋平高原間の第1区線としらかば平〜西穂高口間の第2区線の2本のロープウェイで頂上駅へ登る。第2区線ゴンドラは日本唯一の2階建て構造で、売店ではこのゴンドラをモチーフとしたグッズも販売する。

頂上駅・西穂高口駅の「喫茶・軽食マウントビュー」は標高2156mにある森が間近に感じられる絶景レストラン。頂チュロスなどオリジナルフードも魅力だ。西穂高口駅展望台の「山びこポスト」は通年集配可能な日本最高所のポストとして人気。

Data

- 岐阜県高山市奥飛騨温泉郷新穂高温泉
- 0578-89-2252
- 長野自動車道・松本ICから約65km P164台
- JR篠ノ井線・松本駅からバスで約130分

標高2000mの樹林帯を散策しよう

西穂高口駅周辺の「頂の森」。原生林の遊歩道や、展望スポット「檜の回廊」など見どころが満載。

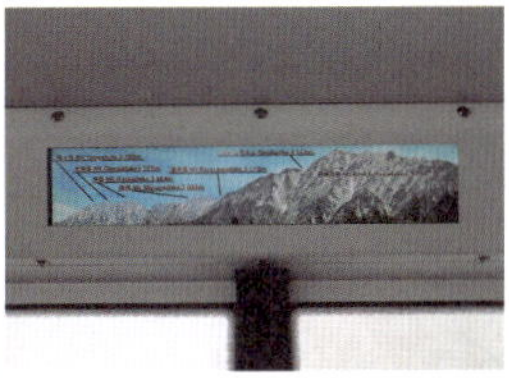

ロープウェイ車内では車窓風景の解説画面が表示される（上）。「頂の森」の遊歩道コースに設置された「森のカウンター」（左）。

観光客に人気の西穂高口駅展望台の「山びこポスト」（右）。西穂高口駅展望台には雪のシーズンになるとキュートな雪だるまが登場する（上）。

西穂高岳

笠ヶ岳

迫力ある北アルプスの山並みを一望

西穂高岳、槍ヶ岳、笠ヶ岳などの北アルプスの山々が360度の大パノラマで堪能できる。「ミシュラン・グリーンガイド・ジャポン」で2つ星で掲載されて以来、外国人の来訪者も増えている。

アルプスのパン屋さんで焼き立てパンを楽しむ！

山の中の
おしゃれ
カフェ〜
1

2

3

アルプスのプリン
アルプスのプリン
アルプスのプリン
4

頂
5

頂
頂
6

1 しらかば平駅2階にある人気店、ベーカリーショップ「アルプスのパン屋さん」。2 名物ゴンドラ食パン500円。3 スープ類も充実。パンとのコンビネーションも抜群 4 限定販売商品として人気のアルプスのプリン400円。5.6 西穂高口駅4階の「マウントビュー」の頂チュロス510円と頂コロッケ460円。

Check Point

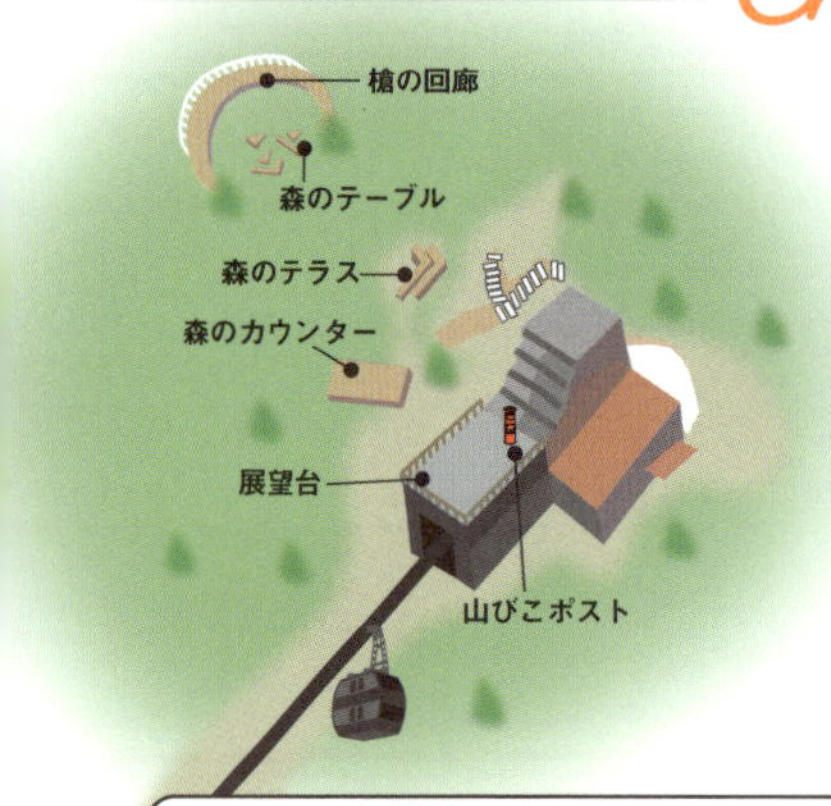
槍の回廊
森のテーブル
森のテラス
森のカウンター
展望台
山びこポスト

季節の見どころ

西穂高口駅周辺は夏でも最高気温が20度程度と過ごしやすい。紅葉は例年10月上旬から下旬にかけてが見ごろ。真冬には雪の回廊も楽しめる。

ロープウェイ情報

営通年 時8時30分〜16時45分（冬期は9時〜16時15分）休無休（メンテナンス時の運休あり）料3800円（第1・第2ロープウェイの往復運賃）

絶景ポイントへのアクセス

第2ロープウェイから利用する方法もある

駐車場は新穂高温泉駅と鍋平高原駅（降雪時は利用不可）にあり、第2ロープウェイからの利用も可能。西穂高口駅の展望台へはエレベーター付き。

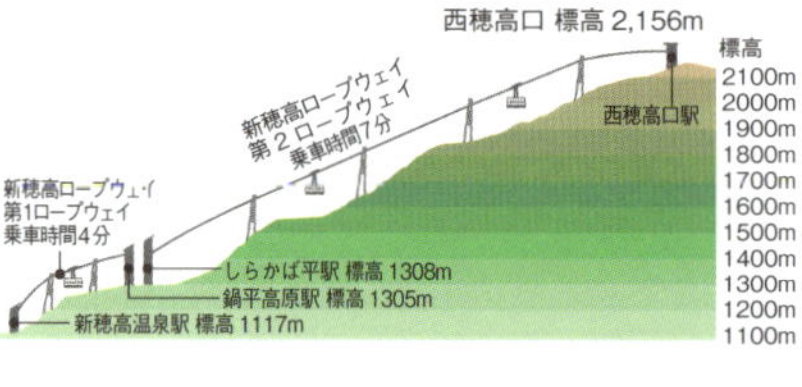
西穂高口 標高 2,156m
標高
2100m
2000m
1900m
1800m
1700m
1600m
1500m
1400m
1300m
1200m
1100m
西穂高口駅
新穂高ロープウェイ
第２ロープウェイ
乗車時間7分
新穂高ロープウェイ
第1ロープウェイ
乗車時間4分
しらかば平駅 標高 1308m
鍋平高原駅 標高 1305m
新穂高温泉駅 標高 1117m

新穂高温泉駅 …ロープウェイ 4分… 鍋平高原駅 …徒歩 3分… しらかば平駅 …ロープウェイ 7分… 西穂高口駅 …徒歩 1分… 西穂高口駅展望台

立ち寄りGuide

温泉と山岳保養地を合わせ技で楽しむ

① ホテル穂高

施設周辺

北アルプスの絶景が楽しめる風呂が人気。単純硫黄泉の内風呂と、単純温泉（低張性中性高温泉）の露天風呂がある。☎0578-89-2200 時13～15時 休不定休 料1000円

② 登山者食堂

施設から2.3km

「ひがくの湯」に併設される「登山者食堂」では地場産品を使った「登山に味噌煮カツ定食1800円」などが楽しめる。
☎0578-89-2855 時11～20時（季節により変動）休不定休

おすすめ周遊コース

① ホテル穂高
↓
② 登山者食堂
↓
③ 北アルプス大橋
↓
④ 平湯大滝

第1ロープウェイ
新穂高温泉駅
① ホテル穂高
鍋平高原駅
しらかば平駅
新穂高ロープウェイ
西穂高口駅
第2ロープウェイ
岐阜県
高山市
475
③ 北アルプス大橋
② 登山者食堂
（ひがくの湯）
富山・高山方面
④
475
新穂高温泉郷（中尾）
蒲田川
N
0
600m

鉄道模型レイアウトで遊ぼう！

※「ひがくの湯」施設内

③ 北アルプス大橋

施設から4.2km

全長150m、高さ70mの北アルプス大橋は、新穂高温泉中尾地区と鍋平園地を結ぶ道路に設置されたアーチ橋。橋上からは錫杖岳や笠ヶ岳などの北アルプスの雄大な風景を望む。

④ 平湯大滝

施設から19km

落差64m、幅6mの岐阜県有数の名瀑で、日本の滝百選にも選定されている。周辺は自然の宝庫で、5月下旬からは新緑、10月上旬からは紅葉、2月頃には結氷した滝が楽しめる。

信長が野望を練った大パノラマ

Gifu Kinkazan Ropeway

ぎふ金華山《きんかざん》ロープウェー

岐阜県 | 岐阜市

長良川の流れと
岐阜市の街並みが
一望のもと

西側には関ヶ原方面がくっきりと見える。
東側には鵜飼で有名な長良川が見える。

Data

- 岐阜県岐阜市千畳敷下257
- 058-262-6784
- 名神高速道路・岐阜羽島ICから約19km
- Ⓟ岐阜公園駐車場を利用
- JR東海道本線・岐阜駅からバスで約15分

ロープウェー山頂から尾根道を城まで歩く

標高329mの金華山の山頂に築かれ、織田信長が天下統一への足がかりとした岐阜城。難攻不落を謳われた名城は、今ではロープウェーで気軽に足を運ぶことができる。山頂に建つ岐阜城天守閣の、最上階からの関ヶ原方面や長良川上流を見渡す大パノラマが圧巻。また城内の史料展示室や併設された岐阜城資料館では、城の歴史を詳しく学ぶことができる。

岐阜城のほかにも、リスと触れあえるリス村や、展望レストラン、カフェなどもある。展望を楽しみながらゆっくりと過ごしたい。

Check Point

季節の見どころ

例年、4月下旬～5月上旬に満開となるツブラジイ。山を黄金色に染め、金華山の名前の由来になったともいわれる。

ロープウェイ情報

営通年 休無休
時9～18時（季節およびナイター営業で変更あり）
料往復1300円

絶景ポイントへのアクセス

山頂駅から天守閣までは徒歩8分

山麓駅から乗車4分で山頂駅へ。山頂駅から絶景スポットである岐阜城までは、遊歩道を8～10分、上り下りする。カフェなども遊歩道沿いにある。

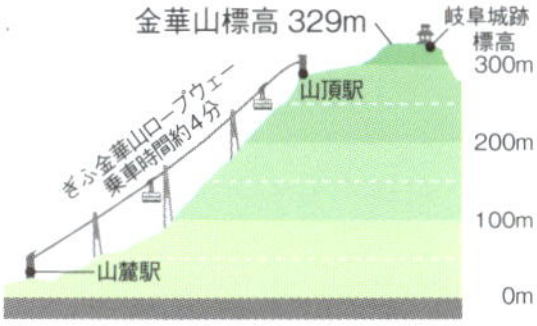
金華山標高 329m
岐阜城跡 標高
300m
山頂駅
ぎふ金華山ロープウェー 乗車時間約4分
200m
100m
山麓駅
0m

名神高速・岐阜羽島IC
車…19km
岐阜公園堤外駐車場
徒歩…5分
ロープウェー山麓駅
ロープウェイ…4分
ロープウェー山頂駅
徒歩…8分
岐阜城

青空に映える天守閣

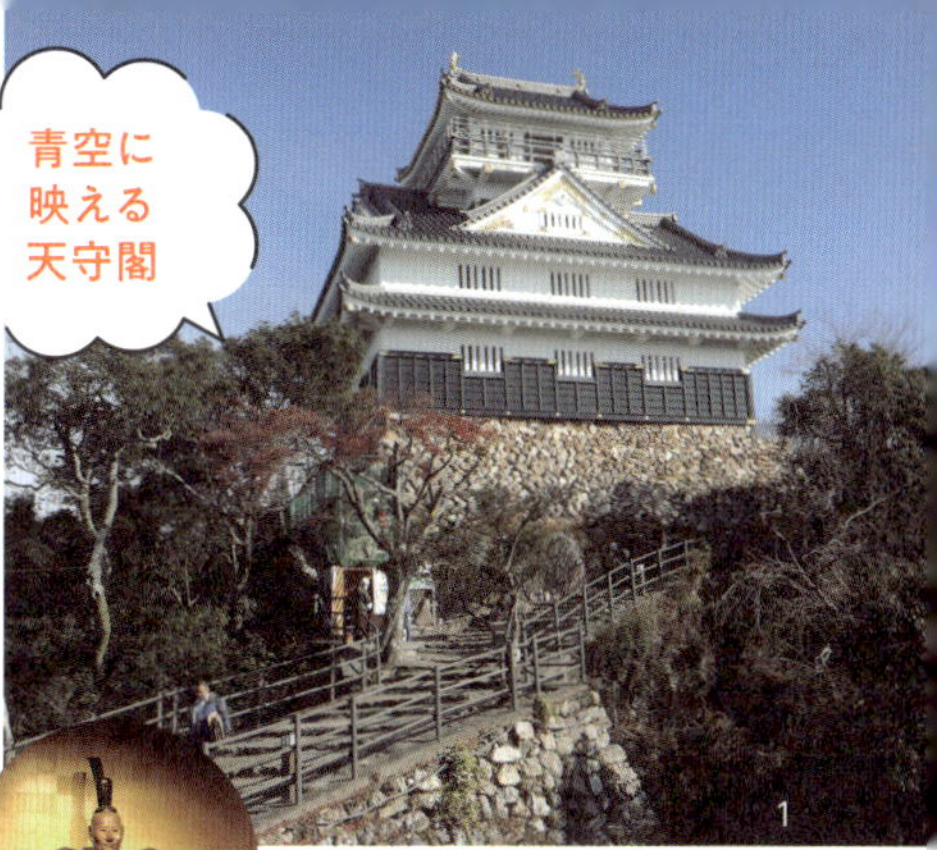

1 岐阜城天守閣は1956（昭和31）年に建てられた模擬天守。2 天守閣内の資料館に展示される木造信長坐像（複製）。

山頂駅に隣接して金華山リス村もあ

3 カフェ「テラスコート329」からは岐阜市街が見渡せる。4 眺望が自慢の展望レストラン「ル・ポン・ドゥ・シェル」。5 レストラン一番人気の飛騨牛焼肉重2500円。

立ち寄りGuide

岐阜の城下を散策したい

1 川原町泉屋

施設から
0.5km

予約必須の鮎料理専門店。岐阜県内で友釣りで釣られた天然の鮎が楽しめる。ランチもあり。☎058-263-6788（要予約）時11時30分～13時30分LO、17～19時LO 休水曜

2 川原町めぐり

施設から
0.5km

長良川の鵜飼遊覧船乗り場から南西へと延びる、昔ながらの家並みが残る通り。川湊とともに発展した歴史を持ち、今では町屋や蔵を改装した飲食店やカフェなどが軒を連ねている。

256
長良川うかいミュージアム
長良橋
長良川
2
川原町
1 川原町泉屋
岐阜県
岐阜市
金華山トンネル
P 岐阜公園駐車場
山麓駅
岐阜公園
岐阜城
岐阜城資料館
井戸跡
256
岐阜駅
織田信長公居館跡
岐阜歴史博物館
正法寺
ぎふ金華山
ロープウェー
山頂駅
ぎふ金華山リス村
展望レストラン
0
200m

琵琶湖を一望する大パノラマ

Biwako Valley

びわ湖《こ》バレイ

滋賀県 | 大津市 | 1174m | all season

青く輝く
琵琶湖の
湖面を一望
標高1108mの山頂エリアに設けられた、琵琶湖を一望する「グランドテラス」

琵琶湖を眼下に眺めつつ圧倒的な開放感に浸る

京阪神から日帰りで行ける「びわ湖バレイ」。近年は琵琶湖の絶景を楽しめる「びわ湖テラス」が、グリーンシーズンに加えて冬も人気を集めている。

展望エリアは2つあり、メインの施設はロープウェイの山頂駅に隣接する「グランドテラス」と「ノーステラス」。打見山頂上に位置し、開放的なテラスからは雄大な琵琶湖の大パノラマが楽しめる。

さらにエリア内の最高峰である蓬莱山《ほうらいさん》山頂には「Ｃａｆé３６０」がある。ロープウェイにテラス、Ｃａｆé３６０と続く空中散歩を堪能したい。

Data

- 滋賀県大津市木戸1547-1
- 077-592-1155
- 湖西道路・志賀ICから約4km P1700台
- JR湖西線・志賀駅からバスで約10分

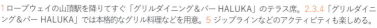

琵琶湖の大眺望をあらゆる角度で楽しみたい

眺望プラス
オープンテラス
で寛ぎタイム

1 ロープウェイの山頂駅を降りてすぐ「グリルダイニング＆バー HALUKA」のテラス席。2.3.4「グリルダイニング＆バー HALUKA」では本格的なグリル料理などを用意。5 ジップラインなどのアクティビティも楽しめる。

Café 360

2025年2月には、「びわ湖バレイ」最高地点の蓬莱山頂に新展望デッキがオープン。360度の大パノラマを体感できる。

North Terrace

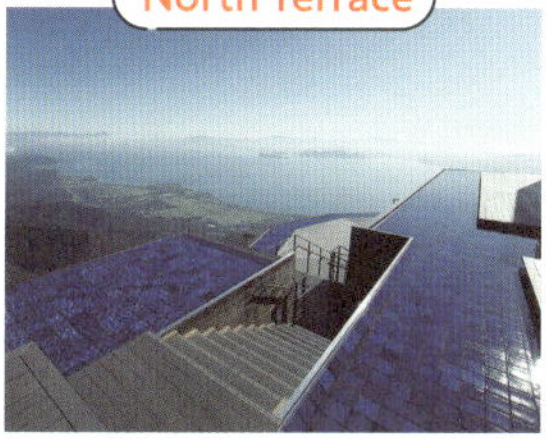

山頂駅のTHE MAINの北側に設けられた「North Terrace」からは湖北地方や遠く奥伊吹などの山々が一望できる。

Grand Terrace

山頂駅に隣接の THE MAINの「Grand Terrace」からは琵琶湖を正面に、また湖南方面の眺望が楽しめる。

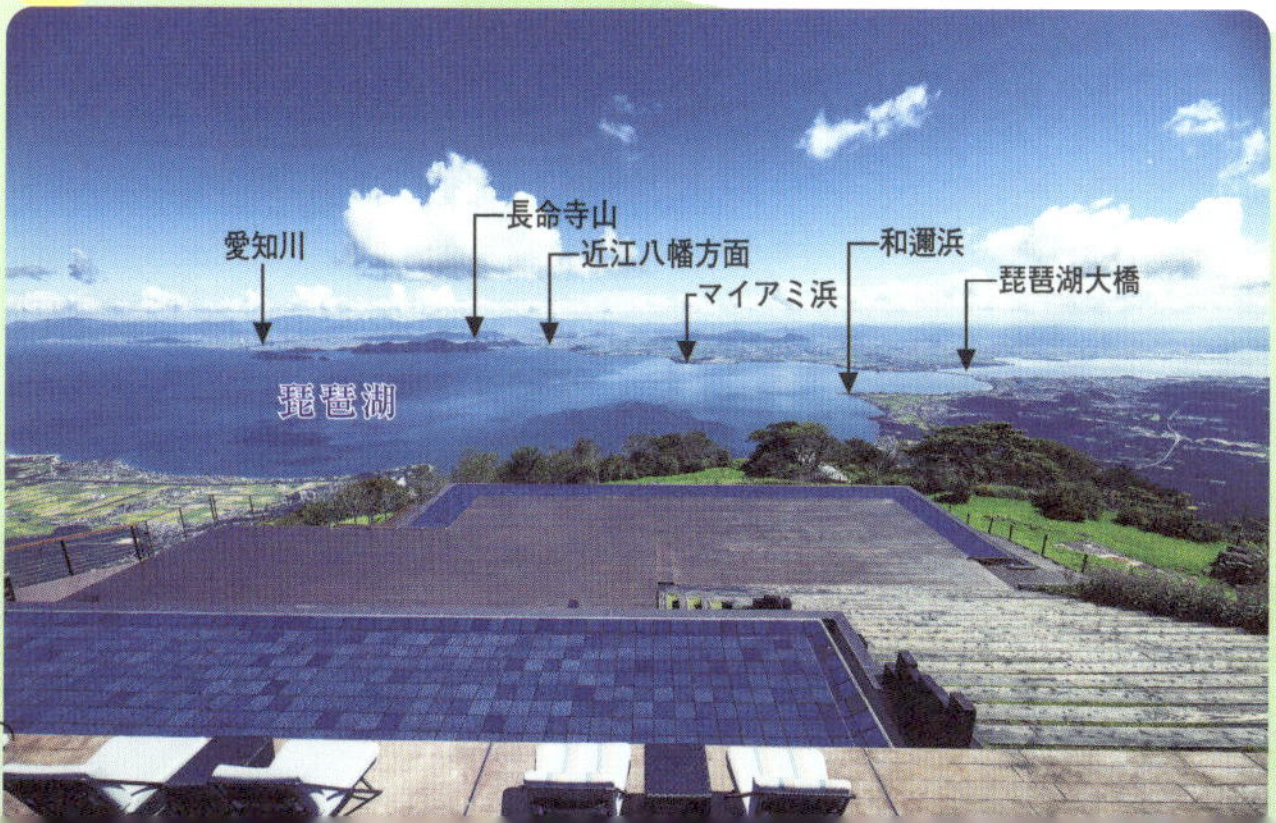
愛知川
長命寺山
近江八幡方面
マイアミ浜
和邇浜
琵琶湖大橋
琵琶湖

日本一の湖、琵琶湖の大きさをテラスで実感

打見山頂のグランドテラスからは、天気の良い日は琵琶湖はもちろん、比良山系の山並みや対岸の伊吹山、鈴鹿山脈も一望できる。また天候次第では雲海が広がり、幻想的な光景となることも。

Check Point

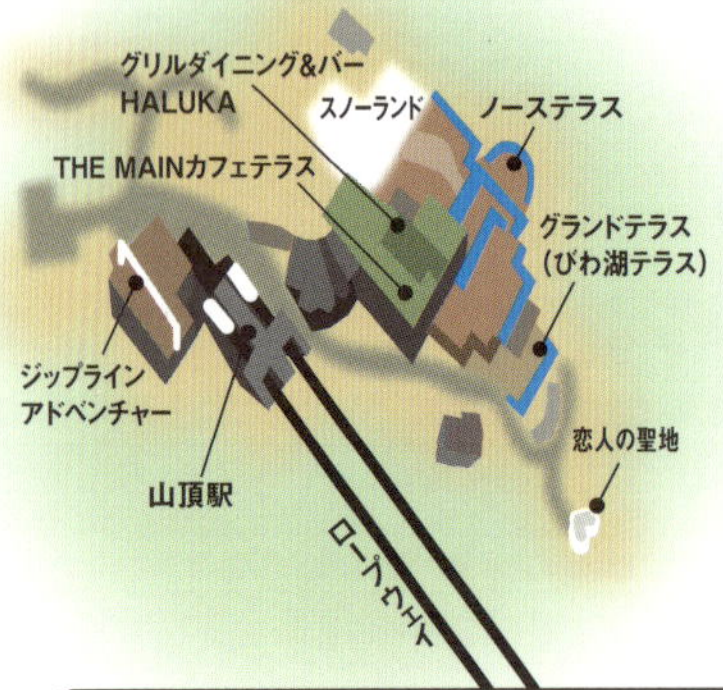
グリルダイニング&バー
HALUKA
スノーランド
ノーステラス
THE MAINカフェテラス
グランドテラス
（びわ湖テラス）
ジップライン
アドベンチャー
山頂駅
恋人の聖地
ロープウェイ

季節の見どころ

GWの前後には、蓬莱山頂付近の「スイセンの丘」に約30万球のスイセンが咲き誇る。黄色一色に染まった斜面はまさに絶景！

ロープウェイ情報

営通年 休無休（天候・点検等で営業内容変更あり）時9〜17時 料往復4000円〜

絶景ポイントへのアクセス

「Grand Terrace」「North Terrace」はロープウェイ山頂駅に直結していて便利。「Café 360」へは、リフトを乗り継いで行く（天候が良い時のみ運行）。

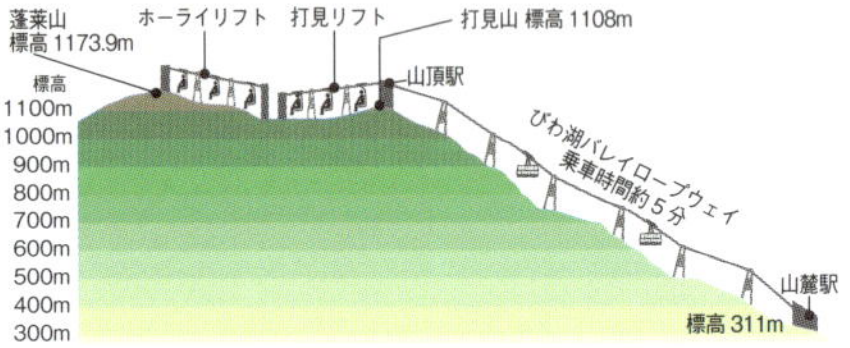
蓬莱山
標高 1173.9m
ホーライリフト
打見リフト
打見山 標高 1108m
山頂駅
標高
1100m
1000m
900m
800m
700m
600m
500m
400m
300m
びわ湖バレイロープウェイ
乗車時間約５分
山麓駅
標高 311m

山頂駅前と蓬莱山にポイントが

湖西道路・志賀IC
車 …… 約4km
ロープウェイ山麓駅
ロープウェイ …… 5分
ロープウェイ山頂駅
徒歩 …… 30分
Café 360

立ち寄りGuide

湖西のグルメ&温泉で帰りまで充実

0
400m
161
近江高島
志賀IC
滋賀県
大津市
345
湖西道路
びわ湖バレイ
山麓駅
P
志賀
近江舞子
琵琶湖
JR湖西線
558
161
県営都市公園
木戸湖岸緑地
堅田・雄琴
① ②
京都・大津京

施設直近で遊ぶならば木戸湖岸緑地へ

① 農家レストランだいきち 堅田店

施設から10km

明治中期創業の牧場直営レストラン。近江牛のステーキや焼肉などが味わえる。☎077-572-1129（要予約）時11〜14時LO、17〜20時LO 休水曜、第2・3火曜、不定休

② スパリゾート雄琴 あがりゃんせ

施設から15km

2種の自家源泉を持つ、雄琴温泉の日帰り施設。サウナに岩盤浴、劇場舞台での大衆演劇も楽しめる。☎077-577-3715 時10〜24時 休無休 料土日祝1850円、平日1650円

おすすめ周遊コース

① 農家レストラン だいきち → ② スパリゾート 雄琴あがりゃんせ

展望台が多数！異なる眺望も魅力

Gozaisho Ropeway

御《ご》在《ざい》所《しょ》ロープウエイ

三重県 | 菰野町《こものちょう》

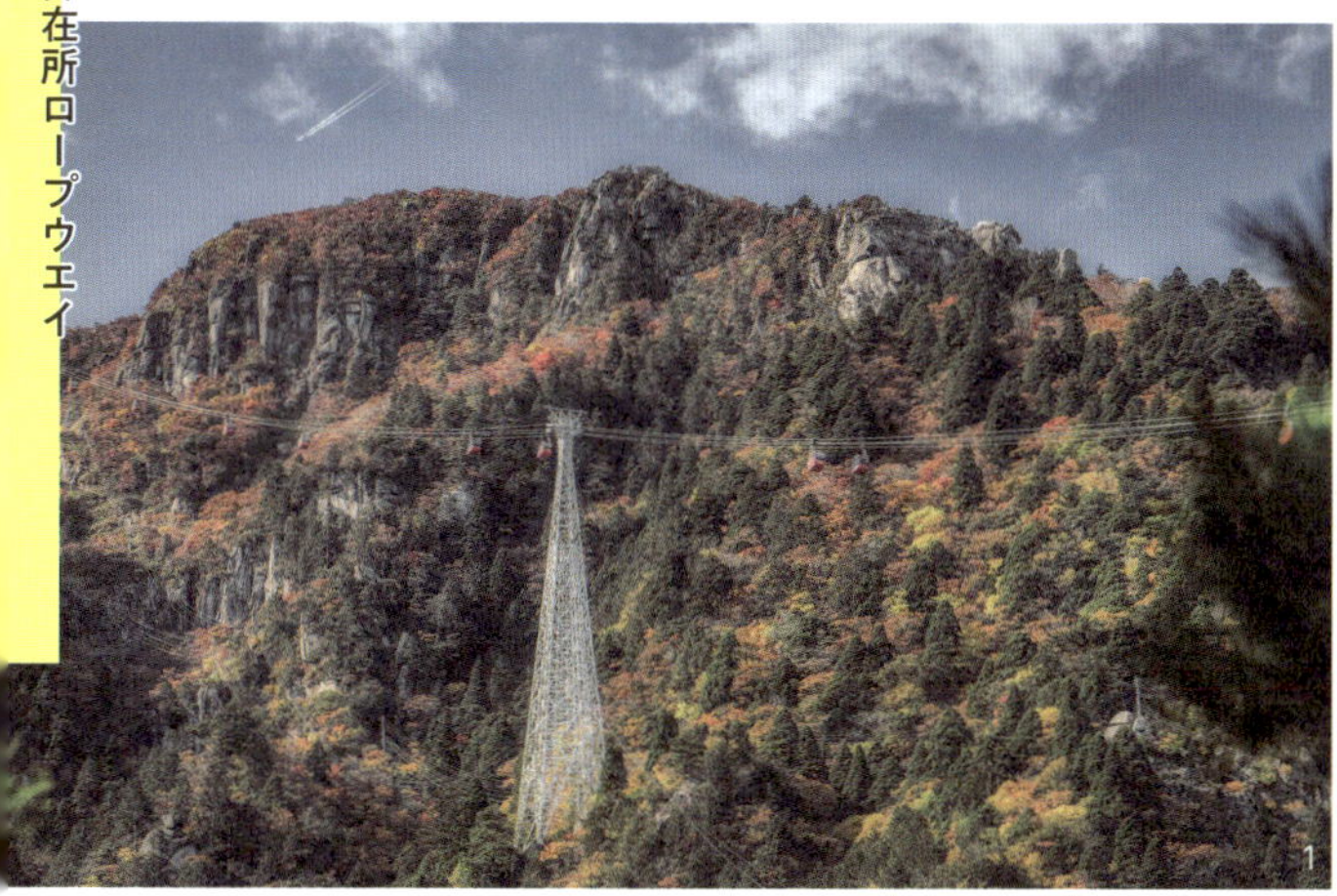

1 伊勢湾を眺めながら紅葉の中を空中散歩。白鉄塔はロープウエイで日本一の高さを誇る。
2 眼下に伊勢平野を望む朝陽台広場。3 ゴンドラから見られる奇岩の鷹見岩と恵比寿岩。

春夏秋冬で見どころ多数

鈴鹿山脈のほぼ中間に位置する御在所岳は、春はツツジ、夏は涼を求めて飛び交う赤トンボ、秋には見事な紅葉、冬の雪景色と表情豊かだ。

山上公園駅前の朝陽台広場で伊勢湾と伊勢平野を、富士見岩展望台から富士山を眺めることができる。山上公園の多様な眺望を全部楽しむなら、リフトを利用して山頂や琵琶湖を望む望湖台へ足をのばそう。

立ち寄りGuide

湯の山温泉郷

施設周辺

御在所岳の山麓駅、三滝川の渓谷沿いに旅館が立ち並ぶ温泉街。日帰り入浴可の施設も多い。※不定休の施設あり。事前に確認を☎059-392-2115 湯の山温泉協会

Data

- 三重県三重郡菰野町湯の山温泉
- ☎ 059-392-2261
- 新名神高速道路・菰野ICより約6km
- Ⓟ300台
- 近鉄湯の山線・湯の山温泉駅からバスで約10分

Check Point

絶景ポイントへのアクセス

山上公園駅前の朝陽台広場から少し降りると富士見岩展望台がある。リフトに乗ってリフト山頂駅へ。御在所岳の先、琵琶湖を展望する望湖台がある。

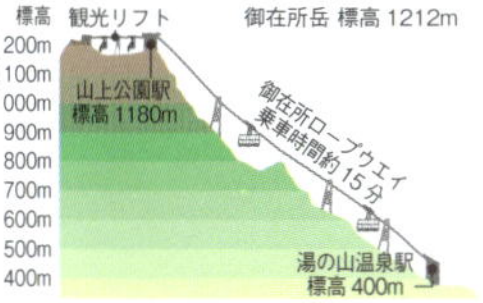
標高
観光リフト
御在所岳 標高 1212m
1200m
1100m
1000m
900m
800m
700m
600m
500m
400m
山上公園駅
標高 1180m
御在所ロープウエイ
乗車時間約 15 分
湯の山温泉駅
標高 400m

リフト頂上駅 …リフト 8分… 山上公園駅 …ロープウエイ 15分… 湯の山温泉駅 …車 6km… 新名神高速・菰野IC

季節の見どころ

樹氷は1～2月にかけて山上公園内一帯で見られる機会が多くなる。御在所岳の樹氷は標高1000m以上で気象条件が揃うと形成されるという。

ロープウエイ情報

営通年 時9～17時（12～3月は～16時）休無休（メンテナンス休あり）料往復2600円（リフトは往復700円）

城跡から琵琶湖&城下町を見渡す

Hachimanyama Ropeway

八幡山《はちまんやま》ロープウェー

滋賀県｜近江八幡市｜253m｜all season

1 山頂の散策路にある西の丸跡からの眺め。2 ロープウェーから眼下に広がる近江八幡の風景。3 日蓮宗で唯一の門跡由緒寺院「村雲御所瑞龍寺門跡」で歴史に触れよう。

安土桃山時代に思いを馳せて

八幡山は豊臣秀次が築いた八幡山城の城跡。今は石垣を残すのみだが、本丸跡には秀次の菩提寺「村雲御所瑞龍寺門跡」が京都より移築されている。

山頂の城跡をたどる散策道は歩いて1周30分ほど。北の丸跡や西の丸跡から美しい琵琶湖や比良山系を、展望館からは安土城跡や近江八幡市街を眺めることができる。

Data

- 滋賀県近江八幡市宮内町257
- 0748-32-0303
- 名神高速道路・竜王ICより約12km
  P15台
- JR琵琶湖線・近江鉄道近江八幡駅より近江バスで約7分

立ち寄りGuide

施設周辺

八幡堀エリア

豊臣秀次の八幡山城のもと栄えた近江八幡。堀に沿って白壁の土蔵が立ち並ぶ八幡堀は、時代劇のロケ地としても知られ、情緒ある町並みなど見どころが多い。

Check Point

絶景ポイントへのアクセス

八幡城址駅から絶景ポイントの西の丸跡や北の丸跡を巡る散策路は1周30分で歩くことができる。村雲御所瑞龍寺門跡の拝観を含めると滞在時間の目安は1時間ほど。

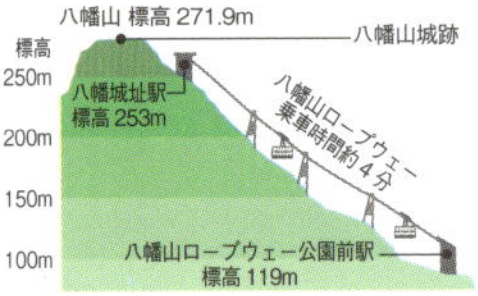
八幡山 標高 271.9m
八幡山城跡
標高
250m
200m
150m
100m
八幡城址駅 標高 253m
八幡山ロープウェー 乗車時間約4分
八幡山ロープウェー公園前駅 標高 119m

八幡城址駅 ……ロープウェー 4分…… 公園前駅 ……車 12km…… 名神高速・竜王IC

季節の見どころ

山頂展望台前の遊歩道に、色鮮やかな7色の風鈴約200個が飾られている「風鈴プロムナード」。※夏季シーズンに開催。HPで確認を

ロープウェイ情報

営 通年
時 9時～16時30分
休 無休（2月にメンテナンス休あり）
料 往復950円

日本三景・天橋立を望む景勝地

Amanohashidate Cablecar

天橋立《あまのはしだて》ケーブルカー

京都府 | 宮津市

2

1 手すり部分がシースルーで開放感抜群のスカイデッキ。2 股の間から逆さに天橋立を見る「股のぞき台」。3 帰りは天橋立を眺めながらのリフト利用もおすすめ。

天橋立四大観の絶景スポット

天橋立のビューポイントとして知られる天橋立傘松公園。足を広げて股の間から天橋立を覗く〝股のぞき〟で見ると、まるで龍が天へと昇っていくように見えることから「昇龍観」と呼ばれる絶景スポットだ。

天橋立傘松公園には展望台のほか、海と天橋立を望む展望レストランも。傘松駅から登山バス7分で行ける西国札所第28番、成相寺《なりあいじ》も訪れたい。

Data

- 京都府宮津市大垣75
- 0772-27-0032
- 山陰近畿自動車道・与謝天橋立ICから約7km Ⓟなし
- 京都丹後鉄道・天橋立駅からバスで約25分、下車徒歩約3分

立ち寄りGuide

天橋立を渡ってみたい

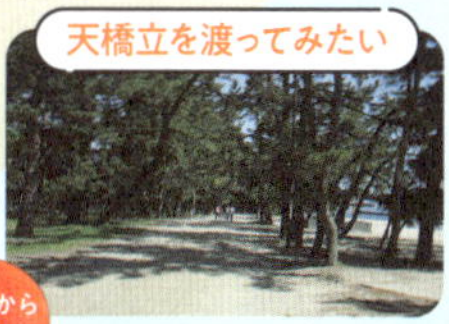

施設から0.6km

「天橋立」は全長約3.6kmの砂州に6700本の松が生い茂る白砂青松の景勝地。徒歩約50分で渡ることができるので、時間があれば挑戦してみてはいかが。

Check Point

絶景ポイントへのアクセス

傘松駅すぐ目の前にスカイデッキや股のぞき台がある。チケットはケーブルカーとリフトの共通券なので、帰りは降りながら天橋立を眺めるリフトもおすすめだ。

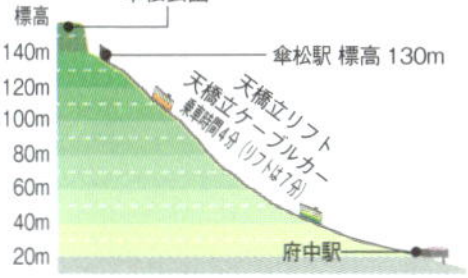
傘松公園
標高
140m
120m
100m
80m
60m
40m
20m
傘松駅 標高 130m
天橋立リフト
天橋立ケーブルカー
乗車時間4分（リフトは7分）
府中駅

成相寺 ……登山バス 7分…… 傘松駅 ……ケーブルカー 4分…… 府中駅 ……車 7km…… 山陰近畿道・与謝天橋立IC

季節の見どころ

カエデやモミジなど、紅葉が美しい西国巡礼第28番の札所「成相寺」。例年11月上旬～下旬が見頃。傘松駅から登山バスで7分で行ける。

ケーブルカー情報

時 通年 時 9～18時（季節により異なる）、リフトは9～16時 休 無休（改修工事期間はリフトのみ営業）※HPで確認 料 往復800円（共通）

琵琶湖を見渡す景勝の地

Hieizan Sakamoto Cable

比《ひ》叡《えい》山《ざん》坂《さか》本《もと》ケーブル

滋賀県 | 大津市 | 654m | all season

1 琵琶湖を望む延暦寺駅舎からの眺め。2 山間に琵琶湖を眺めながら日本で一番長い2025mの距離を登る。3 一度は訪れたい世界文化遺産「比叡山延暦寺」の東塔・阿弥陀堂。

比叡山頂から琵琶湖を一望

眼下に琵琶湖を見渡す景勝の地、比叡山。山頂には最澄が創建した「比叡山延暦寺」が鎮座する。

門前町坂本と延暦寺を結ぶケーブルで、大正ロマン漂う延暦寺駅舎の山のデッキへ。琵琶湖の絶景や竹生島までを見渡すことができる。世界遺産の「延暦寺」までは徒歩約10分だが、山頂を広く回りたい時にはシャトルバスの利用が便利だ。

Data

- 滋賀県大津市坂本本町4244
- 077-578-0531
- 名神高速道路・京都東ICから約12km P7台
- JR湖西線・比叡山坂本駅からバスで約7分

立ち寄りGuide

ガーデンミュージアム比叡

延暦寺駅から2.3km

琵琶湖を望む比叡山頂の庭園美術館。モネの絵画をモチーフにした庭園など美しく再現される。

075-707-7733 時10～17時 休水曜、冬季休園 料1200円

Check Point

絶景ポイントへのアクセス

延暦寺駅舎にある展望テラス「山のデッキ」が絶景おすすめポイント。立ち寄りのガーデンミュージアム比叡へは延暦寺駅より徒歩10分の東塔バス停からバスで6分。

比叡山
標高 848m
ガーデンミュージアム比叡
比叡山内シャトルバス
比叡山延暦寺
ケーブル延暦寺駅
標高 654m
もたて山駅
比叡山坂本ケーブル
ほうらい丘駅
ケーブル坂本駅 標高 170m
800m
700m
600m
500m
400m
300m
200m
100m

名神高速・京都東IC …車…12km → ケーブル坂本駅 …ケーブル…2分 → ほうらい丘駅 …ケーブル…8分 → もたて山駅 …ケーブル…2分 → ケーブル延暦寺駅

季節の見どころ

多数の石仏が祀られた霊窟がある「ほうらい丘駅」。普段停車しない中間駅だが駅員に申し出れば下車できる。帰りは駅のインターホンで連絡を。

ケーブルカー情報

営通年 時8～17時30分（12～2月は8時30分～17時）※上りと下りは同時発着 休無休（2～3月にメンテナンスのため1週間運休）料往復1660円

世界遺産 高野山への玄関口

Koyasan Cablecar

高野山《こうやさん》ケーブルカー

和歌山県 | 高野町 | 867m | all season

1.2 橋本市内を眼下に雄大な山々を望む、駅舎2階の展望室からの眺め。椅子も設置されている。3 麓の極楽橋駅の天井には宝来をモチーフにした極楽鳥などが描かれている。

世界遺産&絶景〝巡礼〟の旅

世界遺産「高野山」の玄関口である高野山駅と極楽橋駅を結ぶケーブルカー。レトロな佇まいの高野山駅の2階には広々とした展望室があり、森閑とした高野山の山並みを見渡すことができる。

高野山入口の大門は高野山駅から路線バスで10分ほどだが、気軽に巡るコースでも3、4時間かかるので時間に余裕を持って訪れたい。

Data

- 和歌山県伊都郡高野町高野山
- 050-3090-2608（南海電鉄コールセンター）
- 京奈和自動車道・高野口ICから約13km Ⓟなし※(注)
- 南海高野線・橋本駅より電車で約40分

立ち寄りGuide

世界遺産「高野山」

施設から3km

117の寺院が立ち並ぶ宗教都市で壇上伽藍や金剛峯寺、奥之院など見所も多い。観光客が泊まれる宿坊や精進料理を出す食事処、カフェなどもある。

Check Point

絶景ポイントへのアクセス

高野山駅の駅舎には展望室が併設。高野山の大門までは路線バスで約10分。高野山をバスで回るなら拝観料割引もついた1日フリー乗車券がお得。

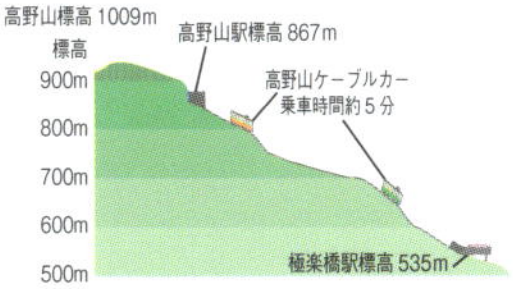
高野山標高 1009m
高野山駅標高 867m
標高
900m
800m
700m
600m
500m
高野山ケーブルカー
乗車時間約5分
極楽橋駅標高 535m

高野山大門 ……路線バス 10分…… 高野山駅 ……ケーブルカー 5分…… 極楽橋駅 ……電車 40分…… 南海高野線・橋本駅※

季節の見どころ

極楽橋駅の夏の風物詩である風鈴の飾り付け。約400個の風鈴がホームからコンコースまで飾られる。駅には涼やかで心地よい音色が響く。

ケーブルカー情報

営 通年
時 5時33分〜22時41分
休 無休
料 往復1000円

＊（注）極楽橋駅周辺に駐車場はないので、橋本駅周辺の駐車場を利用。南海高野線・橋本駅から電車の利用がおすすめ。

くつろぎハーブ園から神戸を一望

Kobe Nunobiki Herb Gardens / Ropeway

神戸《こうべ》布引《ぬのびき》ハーブ園《えん》／ロープウェイ

兵庫県 | 神戸市 | 397m | all season

おススメビューは
絶景テラス席！！

神戸の街を見下ろす「ザ・ヴェランダ神戸」。1Fテラス席ではオリジナル布引ハーブバーガー1050円やハーブティー、スイーツなどが楽しめる。

花やハーブに囲まれた癒やしの絶景スポット

神戸市の街並みを望む高台にある日本最大級のハーブ園。標高約400mの山頂駅まで約10分、360度を見渡せるロープウェイの車窓から、神戸の景色とともに「布引の滝」や重要文化財「布引《ぬのびき》五本松堰堤《ごほんまつえんてい》」などの名所を眺めることができる。

園内には花やハーブに囲まれながら神戸の街を一望できるテラスや風の丘芝生広場などの絶景スポットが点在。ハーブガーデンをイメージしたランチが楽しめる展望レストランやオリジナル商品を販売するショップのほか、アロマグッズ作りなどの体験プログラムも充実している。

Data

- 兵庫県神戸市中央区北野町1-4-3
- 078-271-1160
- 阪神高速3号神戸線・生田川出入口から約1.5km　Ⓟなし（周辺駐車場を利用）
- JR山陽新幹線・新神戸駅から徒歩約5分

Check Point

季節の見どころ

毎年5月中旬～6月下旬、10月上旬～11月上旬に「ローズシンフォニーガーデン」や「四季の庭」でローズが楽しめる。

ロープウェイ情報

営 通年 時 9時30分～16時45分（季節により異なる）休 無休（2、9月にメンテナンス休あり）料 2000円（往復乗車券＋入園）※HPで確認を

絶景ポイントへのアクセス

山頂駅を中心にビューポイントが点在

山頂駅目前に展望プラザやレストハウス、少し下ると「ザ・ヴェランダ神戸」がある。ハンモックがある中間駅の「風の丘芝生広場」もぜひ。

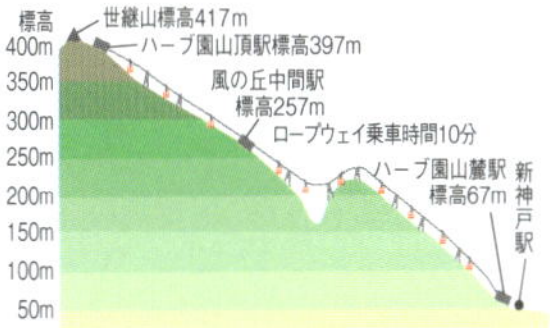
標高
400m
350m
300m
250m
200m
150m
100m
50m
世継山標高417m
ハーブ園山頂駅標高397m
風の丘中間駅
標高257m
ロープウェイ乗車時間10分
ハーブ園山麓駅
標高67m
新神戸駅

阪神高速・生田川出入口 …… 車 1.5km …… 周辺駐車場 …… 徒歩 約5分 …… ハーブ園山麓駅 …… ロープウェイ 10分 …… ハーブ園山頂駅

1000万ドルの夜景が目の前に

1 日本三大夜景に選ばれた神戸の夜景。
2 ライトアップが幻想的な展望エリア「光の森～Forest of Illuminations～」。

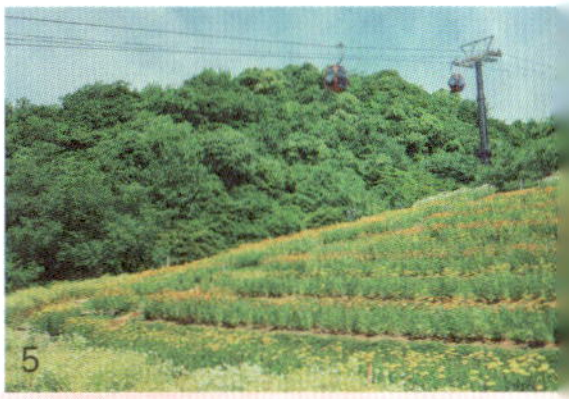

3 自分の好きな香りで作るアロマソープ体験（40分、1個1000円）。4 山頂駅すぐの展望プラザ。5 4月下旬～6月上旬に咲き誇る「風の丘フラワー園」のポットマリーゴールド。

立ち寄りGuide

フォトジェニックな神戸北野エリアを巡る

① 神戸北野ノスタ

KOBE KITANO NOSTA

施設から1.5km

旧北野小学校をリノベーションした神戸グルメの複合施設。話題のショコラトリーやコーヒー店、レストランや日本酒のアンテナショップなどが集まる。☎078-891-6442

② 北野異人館街

施設から0.7km

異人館をはじめ、カフェや教会など、異国情緒あふれる街並みが続く観光エリア。「風見鶏の館」や「うろこの家・展望ギャラリー」など神戸開港当時からの洋館が公開されている。

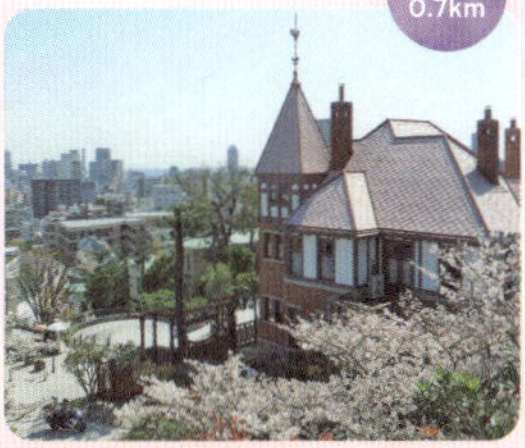

©KOBE TOURISM BUREAU

N
0
300m
ハーブ園山頂
神戸布引ハーブ園
新大阪
風の丘中間
布引貯水池
神戸市営地下鉄
北神線
神戸布引ロープウェイ★
兵庫県
神戸市中央区
新神戸駅
ハーブ園山麓
山陽新幹線
西宮
神戸市営地下鉄
西神・山手線
春日野道駅
姫路
② 北野異人館街
阪急神戸線
東海道本線
① 神戸北野ノスタ
三ノ宮駅
神戸
2

1000万ドルの夜景を堪能

Maya Ropeway & Maya Cable

摩耶《まや》ロープウェー&摩耶《まや》ケーブル

兵庫県 | 神戸市

1「掬星台」から眺める1000万ドルの夜景。2.3 星の駅「CAFE702」では絶景を眺めながら食事が楽しめる。カレーライス900円。4 ロープウェーから神戸の街並みを望む。

日本三大夜景の楽しみ方は

神戸市灘区、六甲山地の中央にある摩耶山は、神戸屈指のビュースポットとしても親しまれている。

ケーブルとロープウェーを乗り継いで行く「掬星台《きくせいだい》」では、眼下に神戸の街並みを、遠く紀伊半島までを見渡せる。日本三大夜景の一つとも言われる「掬星台」からの眺めは素晴らしく、夕暮れ時から徐々に変化する風景を堪能したい。

Data

- 兵庫県神戸市灘区箕岡通4-3-1
- 078-861-2998（摩耶ロープウェー星の駅）
- 阪神高速3号神戸線・摩耶出入口から約3.5km Ⓟなし（周辺駐車場を利用）
- JR山陽新幹線・新神戸駅からバスで約15分

立ち寄りGuide

六甲山牧場

星の駅から3.5km

スイスの山岳牧場のような風景が広がる観光牧場。羊やヤギと触れ合える。078-891-0280 時9時～16時30分（最終入場） 休火曜 料600円※季節により異なる

Check Point

絶景ポイントへのアクセス

ケーブルとロープウェーを乗り継ぎ星の駅「掬星台」へ。中間駅の虹の駅にも展望台がある。「六甲山牧場」は星の駅から六甲摩耶スカイシャトルバスで7分。

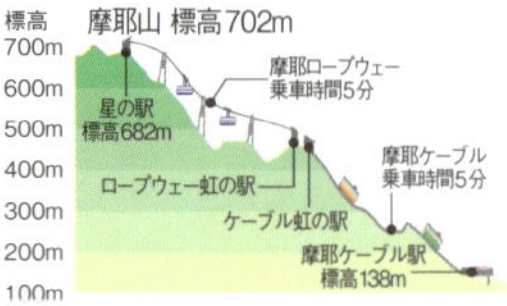
標高
700m
600m
500m
400m
300m
200m
100m
摩耶山 標高702m
星の駅
標高682m
摩耶ロープウェー
乗車時間5分
ロープウェー虹の駅
ケーブル虹の駅
摩耶ケーブル
乗車時間5分
摩耶ケーブル駅
標高138m

星の駅 …… ロープウェー 5分 …… 虹の駅 …… ケーブル 5分 …… 摩耶ケーブル駅 …… 車 3.5km …… 阪神高速・摩耶出入口

季節の見どころ

摩耶山の紅葉は例年11月上旬～下旬が見頃。ケーブルやロープウェーから神戸市街を望む大パノラマや紅葉の絶景が楽しめる。

アクセス情報

営通年 時10時～20時40分（11～3月中旬は～19時40分※曜日で異なる。HP要確認）※（注）休火曜（祝日の場合は翌平日）※冬季3週間程点検休あり 料往復1560円（全線）

※（注）ケーブルの終電ではロープウェーに接続できない。掬星台まで行く時はケーブルとロープウェーの接続時間などHPで確認を。

中国・四国の

Chugoku / Shikoku

天空テラス

&展望台

千光寺を眼下に見ながら山頂駅を目指す千光寺山ロープウェイ。

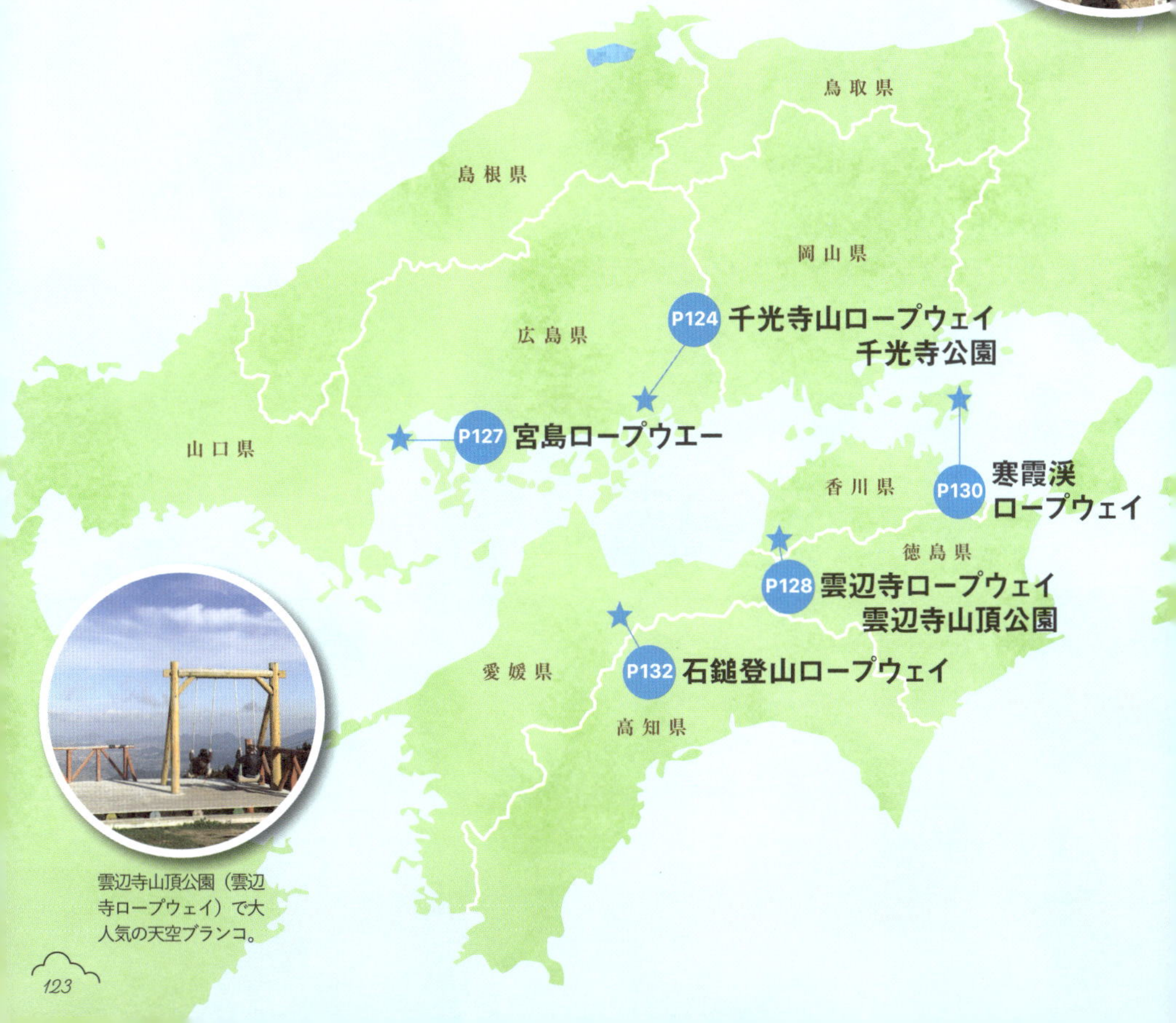

鳥取県
島根県
岡山県
P124 千光寺山ロープウェイ
千光寺公園
広島県
P127 宮島ロープウエー
山口県
香川県
P130 寒霞渓
ロープウェイ
徳島県
P128 雲辺寺ロープウェイ
雲辺寺山頂公園
愛媛県
P132 石鎚登山ロープウェイ
高知県

雲辺寺山頂公園（雲辺寺ロープウェイ）で大人気の天空ブランコ。

詩情あふれる街並みを一望

Senkojiyama Ropeway

千光寺山《せんこうじやま》ロープウェイ

千光寺公園

広島県｜尾道市

144m　all season

青く輝く尾道水道のパノラマ

千光寺公園頂上展望台PEAKからは、尾道水道や街並みが眼下に望める。

山頂のPEAKから尾道の街並みを眺めたい

瀬戸内地方を代表する観光地であり、「映画の街」「文学の街」そして「坂の街」として名高い尾道。標高144mの千光寺山へいたるロープウェイは、わずか約3分の乗車時間ながら、風情あふれる街並みを一望できる。

山頂には「千光寺頂上展望台PEAK」があり、見渡す限りの絶景が。また千光寺の本堂からの景色も味わい深い。

帰路は徒歩で下りてみてはいかが。「文学のこみち」をはじめ「千光寺道」「天寧寺《てんねいじ》坂」など、幾筋ものルートがあるので、のんびり散策しながら坂道の町をゆっくりと満喫したい。

Data

- 広島県尾道市長江1丁目3-3（山麓駅）
- 0848-22-4900
- 山陽自動車道・福山西ICから約9km Ⓟなし（近隣有料駐車場あり）
- JR山陽本線・尾道駅から徒歩約15分（バスあり）

長さ63mの展望台から望む街景色に魅了される

千光寺山の
山頂に注目の
PEAKあり！
1

5

レモンソフトクリーム
4

3

2

1.2 空から見た千光寺山。斬新なデザインの「千光寺頂上展望台 PEAK」、エレベーターとスロープを備える。3 ロープウェイならばわずか約3分で山頂へ。4 千光寺公園頂上売店ではソフトクリームが人気。5 自然石に尾道ゆかりの文学作品が刻まれた「文学のこみち」は山頂公園に入口があり、千光寺まではこの坂道を下る。

天寧寺三重塔

南北朝時代に創建された曹洞宗の寺。国指定重要文化財の三重塔は“海雲塔”とも呼ばれ、尾道のシンボル的な存在だ。

千光寺

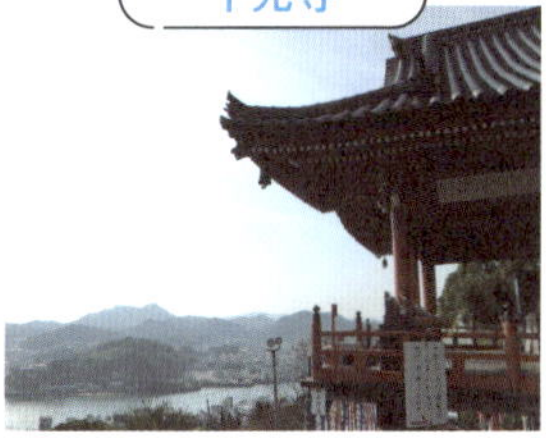

弘法大師の開基と伝わり多くの文学作品に登場する。“赤堂”と呼ばれる懸造り（かけづくり）の本堂から展望が楽しめる。

千光寺頂上展望台PEAK

全長63mの展望スペースがある。安全に尾道市内の展望が楽しめる。空中回廊のようなスロープのデザインも人気だ。

尾道大橋（南東側）
尾道水道（南側）
尾道大橋
向島
尾道水道
尾道市街
瀬戸内海
四国方面
向島
渡船
尾道水道
尾道市街
JR尾道駅方面
千光寺頂上展望台PEAK

渡船が行き交う尾道水道が視界に広がる

映画や文学作品に描かれてきた尾道の風景。川のように東西を結んでいるのが尾道水道で、対岸の向島へは渡船で渡れる。遠くには「しまなみ海道」の尾道大橋も見える。南～西側の眺望も素晴らしい。

Check Point

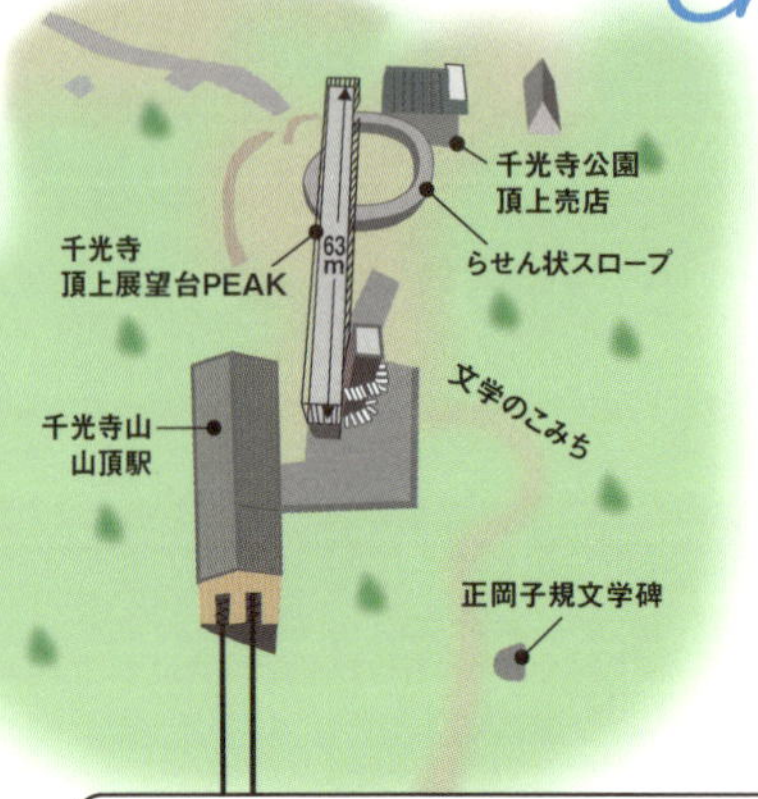
千光寺公園
頂上売店
千光寺
頂上展望台PEAK
63m
らせん状スロープ
文学のこみち
千光寺山
山頂駅
正岡子規文学碑

季節の見どころ

春には約1500本もの桜が咲き誇る千光寺公園。瀬戸内地方を代表する桜の名所でもある。“日本さくら名所100選”にも選定されている。

ロープウェイ情報

営通年
時9時～17時15分
休無休料往復700円（片道500円）

絶景ポイントへのアクセス

山麓駅からロープウェイで山頂駅へ。山頂駅前に山頂公園が広がり千光寺頂上展望台PEAKが建つ。千光寺へは「文学のこみち」を徒歩で10分ほど下る。

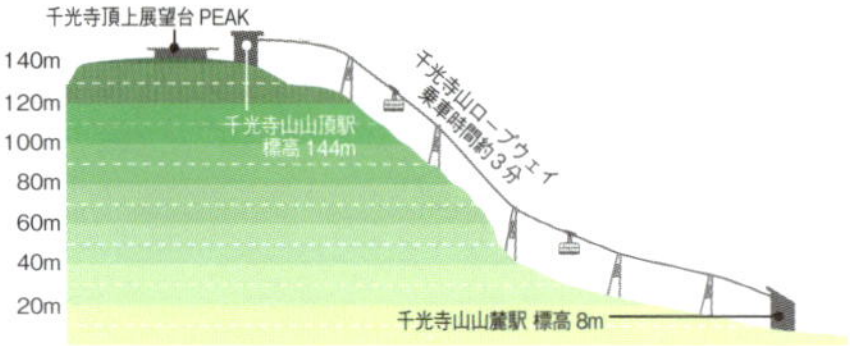
千光寺頂上展望台 PEAK
140m
120m
100m
80m
60m
40m
20m
千光寺山山頂駅
標高 144m
千光寺山ロープウェイ
乗車時間約3分
千光寺山山麓駅 標高8m

山頂駅前の展望施設を目指す

JR山陽本線尾道駅 ……徒歩15分…… 山麓駅 ……ロープウェイ3分…… 山頂駅 ……徒歩10分…… 千光寺

立ち寄りGuide

尾道駅までのんびり街歩きしたい

広島県
尾道市
千光寺山
ロープウェイ
千光寺頂上展望台
PEAK
山頂駅
千光寺
天寧寺三重塔
山麓駅
福山
363
尾道ラーメンしょうや
1
2
JR山陽本線
2
おのみち海辺の美術館
尾道水道
広島
JR尾道駅
向島
0
200m

瀬戸内情緒を感じる渡船の眺め

1 尾道ラーメン しょうや

施設周辺

細麺に濃厚な醤油味がしっかり効いた、尾道ラーメンの人気店。写真は特製尾道ラーメン1250円。名物ヤキメシ650円も大人気。☎070-9025-2216時10～20時 休無休

2 おのみち海辺の美術館

施設から0.5km

尾道水道沿いの遊歩道の壁面に、著名な画家の作品や、絵画コンクール「絵のまち尾道四季展」のグランプリ作品など、13点のレプリカが飾られている。見学自由。

おすすめ周遊コース

1 尾道ラーメンしょうや ← 2 おのみち海辺の美術館

＊民間駐車場が国道2号沿いに点在している。また千光寺公園の山頂にも駐車場がある。＊写真協力：一般社団法人尾道観光協会

瀬戸内海に浮かぶ神宿る島

Miyajima Ropeway

宮島《みやじま》ロープウエー

広島県 | 廿日市市 | 430m | all season

1 空を飛んでいるような空中散歩が楽しめる。2 瀬戸内の海と空が広がる獅子岩展望台。3 獅子岩駅から山道を歩いて 30 分で山頂へ。巨岩が鎮座する弥山展望台の大パノラマ。

海と島を見渡す展望台

厳島神社《いつくしまじんじゃ》と前面の海、背後の弥山《みせん》原始林が世界文化遺産として登録されている宮島。この弥山の獅子岩駅《ししいわえき》と山麓を結ぶ宮島ロープウエーでは、瀬戸内海やカキ筏《いかだ》を眺めながら空中散歩が楽しめる。

獅子岩駅の展望台からは原始林や瀬戸内海を望む。山頂までは徒歩で30分の山道となるが、奇岩や霊火堂、神社仏閣など見どころが多い。

Data

- 広島県廿日市市宮島町紅葉谷公園
- 0829-44-0316
- 宮島口フェリー乗り場からフェリーで約10分。宮島桟橋から徒歩約25分※（注）

立ち寄りGuide

町家通り

施設から1km

表参道商店街から1本山側にある、嚴島神社への参道の一つ。伝統的な町家建築とレトロモダンなカフェや雑貨屋が点在する。店や民家の行灯が灯る夜もオススメ。

Check Point

絶景ポイントへのアクセス

紅葉谷公園入り口から紅葉谷駅まで、無料送迎バスも運行されている。絶景ポイントの獅子岩展望台は獅子岩駅から徒歩1分。原始林と瀬戸内海の大パノラマが広がる。

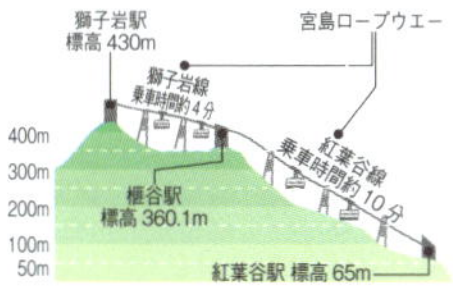
獅子岩駅
標高 430m
宮島ロープウエー
獅子岩線
乗車時間約 4 分
紅葉谷線
乗車時間約 10 分
榧谷駅
標高 360.1m
紅葉谷駅 標高 65m
400m
300m
200m
100m
50m

獅子岩駅（山頂駅） …ロープウエー 4分… 榧谷《かやたに》駅（中間駅） …ロープウエー 10分… 紅葉谷《もみじだに》駅（山麓駅） …徒歩 25分… 宮島桟橋

季節の見どころ

紅葉谷駅のりば下にある紅葉谷公園は宮島を代表する人気紅葉スポット。公園には700本のモミジがあり、例年11月中～下旬に見頃を迎える。

ロープウェイ情報

営 通年 時 9～16時 休 無休（1～3月初旬、6～7月はメンテナンスで運休あり※HPで確認を） 料 往復2000円

※（注）車でもフェリーで宮島まで渡れるが、宮島口桟橋付近の駐車場に停めて移動が一般的。

みんなが楽しめる山頂公園

Unpenji Ropeway

雲辺寺《うんぺんじ》ロープウェイ

雲辺寺山頂公園

香川県 | 観音寺市 | 916m | all season

童心に返り
勢い良く
漕いでみたい

雲辺寺山頂広場に設けられた「天空ブランコ」。大空を滑空してみてはいかが。

Data

- 香川県観音寺市大野原町丸井1974-57
- 0875-54-4968
- 高松自動車道・大野原ICから約8km
- P 400台
- JR予讃線・豊浜駅から車で約15分（バス利用は難しい）

秘境の趣満点！ 四国のロング・ロープウェイ

ミカン畑の間の山道を登り切ると山麓駅がある。雲辺寺ロープウェイは長さ2594m。ロープウェイをつり下げる2号支柱と3号支柱の間は1881mとロープウェイの支柱間の長さ日本一。見下ろす景色はスリリングだ。乗車7分で到着する山頂は秘境のような趣に満ちる。

この駅から約5分歩いた先に雲辺寺山頂公園がある。公園からは三豊《みとよ》平野をはさみ瀬戸内海を望むことができる。山頂広場には複数のアクティビティが。メインは「天空のブランコ」。まさに天空に向け勢い良く漕ぎ出したくなるブランコだ。

Check Point

季節の見どころ

初夏は隣接する雲辺寺のアジサイ、秋はイチョウの葉が色づき、紅葉も楽しめる。冬は山頂広場で雪遊びが楽しめる。

ロープウェイ情報

営 通年 時 7時40分～17時(3～11月)
休 無休 料 往復2200円

絶景ポイントへのアクセス

山頂駅から山頂広場は約5分の距離

山麓駅は駐車場の目の前で便利。山頂駅を出たらわずかに登りだが約3～5分で山頂公園へ着く。公園内には屋根付き休憩スペースもある。

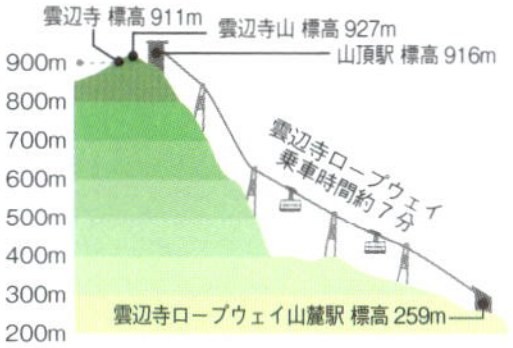
雲辺寺 標高 911m
雲辺寺山 標高 927m
山頂駅 標高 916m
900m
800m
700m
600m
500m
400m
300m
200m
雲辺寺ロープウェイ
乗車時間約7分
雲辺寺ロープウェイ山麓駅 標高 259m

高松道・大野原IC …… 車 8km …… 山麓駅 …… ロープウェイ 7分 …… 山頂駅 …… 徒歩 5分 …… 雲辺寺山頂公園

浮かぶ雲と同じ高さに山頂公園が

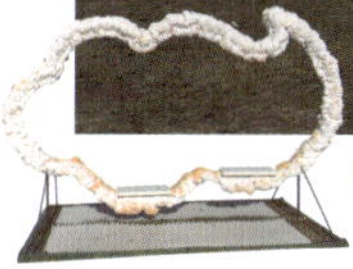

1 雲辺寺山頂公園には大小ブランコや、ベンチも設置されている。2 雲形のフォトフレームの先に大展望が広がる。

Ohale crepe

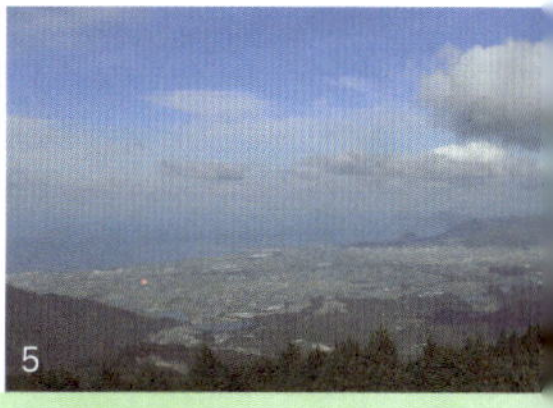

3 キッチンカーが出店。クレープが人気の「Ohale Crepe」。4 本格ドリップコーヒーが楽しめる「雲辺寺コーヒー &park」。5 隣接の毘沙門天展望館から360度の眺望が楽しめる。

立ち寄り Guide

1 雲辺寺

施設から至近

四国霊場第六十六番札所で四国霊場の最高峰に位置。約1200年の歴史があり、ご本尊の「千手観音菩薩」は弘法大師が刻んだとされる。
☎0883-74-0066

2 うどん処 麺紡

施設から7km

本場・讃岐うどんの店。モッチモチ生麺ならではのコシ、つゆに定評あり。地元讃岐の人達の評価も高い。三陸わかめうどん560円。☎087 5-23-7585 時 11～14時 休 月曜

徳島県へ入り雲辺寺詣

坂出
坂出・高松IC
琴平
240
0
1km
11
川之江
高松自動車道
377
2 うどん処 麺坊
大池
8
大野原 IC
川之江JCT
一方通行
(ご協力のお願い)
香川県
241
観音寺市
大谷池
萩原寺
雲辺寺ヶ原史跡広場
井関池
一方通行
(ご協力のお願い)
山麓駅
雲辺寺ロープウェイ

山頂駅前に県境の印。一歩またげば徳島県三好市だ

渓谷美が見事な小豆島の景勝地

Kankakei Ropeway

寒《かん》霞《か》渓《けい》ロープウェイ

香川県 | 小豆島町 | 612 m | all season

海と渓谷の
絶景の
コントラスト！
眼下に渓谷と瀬戸内海、遠方に中国山地の山々を望む「四望頂展望台」。山頂駅から徒歩15分。

ロープウェイから見た海景色と渓谷美も見事！

瀬戸内海国立公園の中心地に位置する小豆島。寒霞渓は島の星《ほし》ケ《が》城山《じょうさん》と四方指《しほうざし》のちょうど間にあり、日本三大渓谷美にも選ばれた景勝地である。

山頂駅前には、美しい瀬戸内海を見渡す第一展望台、寒霞渓ならではの奇岩群を眺める第二展望台を設置。また、森の中を5～15分歩けば、かわら投げができる鷹取展望台や四望頂《しぼうちょう》展望台と、4カ所の展望台から異なる景観が楽しめる。

開放感抜群のオープンデッキで、寒霞渓もみじサイダーやご当地グルメを味わいながら、景色を堪能したい。

Data

- 香川県小豆郡小豆島町神懸通乙327-1
- 0879-82-0904
- 各港から約30～40分 P 40台
- 草壁港バス停から寒霞渓無料シャトルバス（季節運行）約11分、紅雲亭下車※注欄外

※（注）草壁港バス停までは港からバスなど交通機関を利用する。寒霞渓無料シャトルバスは季節運行のため事前に確認を。

映画やドラマにも登場する絶景の展望台

1 鷹取展望台で雄大な景色を独り占め。2 鷹取展望台のフォトスポット「空の玉 / 寒霞渓」青木野枝 瀬戸内国際芸術祭 2022。

Check Point

季節の見どころ

寒霞渓の紅葉は例年11月上旬〜下旬にかけて見頃を迎える。紅葉と常緑樹のコントラストが素晴らしい。

ロープウェイ情報

営通年 時8時30分〜17時(10/21〜11/30は8時〜、12/21〜3/20は〜16時30分) 休無休 料往復2340円※季節により異なる

絶景ポイントへのアクセス

4カ所の展望台を見比べてみて

展望台は山頂駅前に2カ所。森の中を5〜15分歩くと展望台が2カ所ある。※車イスでのロープウェイ利用は山頂駅からのみ可能。

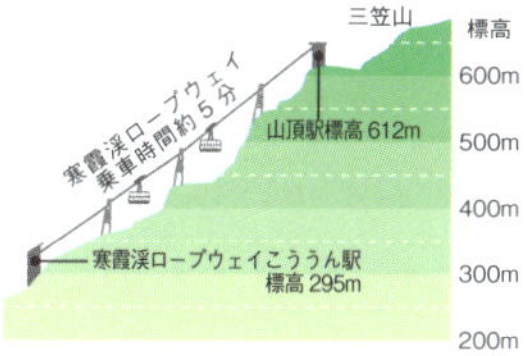
三笠山
標高
600m
500m
400m
300m
200m
寒霞渓ロープウェイ
乗車時間約5分
山頂駅標高 612m
寒霞渓ロープウェイこううん駅
標高 295m

山頂駅 …… ロープウェイ 5分 …… 山麓こううん駅 …… 車 30〜40分 …… 各港

3 寒霞渓の絶景をキリトリ撮影！山頂駅で無料レンタルできる。4 開放感抜群の絶景オープンデッキ。5 ご当地グルメ「オリーブ豚バーガー＆もみじサイダーセット 1650 円は山頂駅前フードコートで販売。

立ち寄りGuide

小豆島のご当地みやげ＆グルメ

1 道の駅 小豆島オリーブ公園

施設から9km

瀬戸内海を見下ろす丘にオリーブ畑やギリシャ風車が建つ道の駅。小豆島産オリーブオイルを楽しむカフェやショップ、温泉や宿泊施設も併設する。☎0879-82-2200

2 醤《ひしお》の郷《さと》を散策しよう

施設から8km

400年の歴史を持つ醤油醸造エリア。日本の原風景が広がる「馬木散策路」と醤油蔵群が立ち並び、醤油を使ったスイーツやみやげ処がある「苗羽・醤油蔵通り散策路」がある。

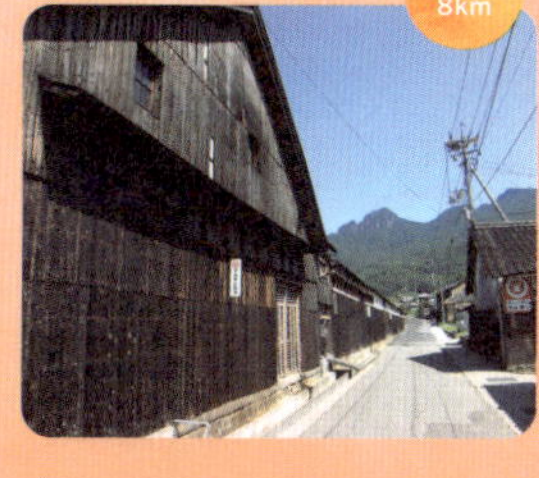

N
0
2km
瀬戸内海
福田港
寒霞渓
ロープウェイ
三笠山
寒霞渓道路
山頂駅
こううん駅
土庄町
土庄港
香川県
小豆島町
福田港
池田港フェリーターミナル
草壁港バス停
土庄港フェリーターミナル
池田湾
内海湾
1 道の駅
小豆島オリーブ公園
醤の郷 2
瀬戸内海

西日本最高峰の大パノラマ

Ishizuchitozan Ropeway

石《いし》鎚《づち》登《と》山《ざん》ロープウェイ

愛媛県 | 西条市

1 石鎚山の紅葉は10月上旬に山頂から始まり山麓にかけ11月中旬頃まで楽しめる。2 リフトを乗り継げば成就社まで徒歩約15分。3 山頂成就駅の展望台から石鎚連山を望む。

夏は涼しく冬は樹氷も

石鎚山は西日本最高峰の標高1982m。ロープウェイで中腹1300mまで一気に駆け上がり、成就駅《じょうじゅえき》の展望所からは雄大な石鎚連山や瀬戸内海までを見渡すことができる。また、標高が高いので夏は涼しく、冬は樹氷や霧氷観察も楽しめる。

星空観察ができるナイトツアーやもみじまつりなどの季節のイベントも開催している。

立ち寄りGuide

石鎚神社中宮成就社

施設周辺

霊峰石鎚山の中腹に鎮座する石鎚神社四社の一つ。周辺には宿泊施設、食事処や土産屋もある。☎0897-59-0106 時6～17時（11～4月は7時～16時30分）休無休

Data

- 愛媛県西条市西之川下谷甲81
- ☎0897-59-0331
- 松山自動車道・いよ小松ICより約21km P500台
- JR予讃線・伊予西条駅よりバス約54分、下車徒歩約5分

Check Point

絶景ポイントへのアクセス

山頂成就駅にある展望所から迫力の石鎚連山、瀬戸内海も遠望できる。リフトを乗り継げば立ち寄りたい成就社まで徒歩15分だが、山頂成就駅からは徒歩30分かかる。

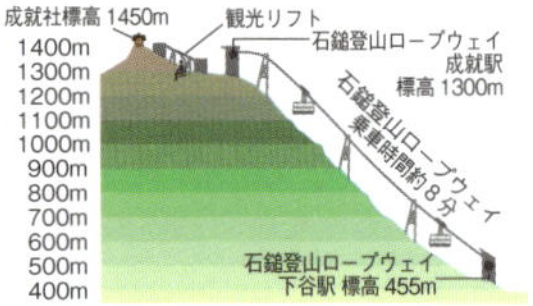
成就社標高 1450m
観光リフト
石鎚登山ロープウェイ
成就駅
標高 1300m
石鎚登山ロープウェイ
乗車時間約8分
石鎚登山ロープウェイ
下谷駅 標高 455m
1400m
1300m
1200m
1100m
1000m
900m
800m
700m
600m
500m
400m

リフト終点駅 ……リフト6分…… 山頂成就駅 ……ロープウェイ8分…… 山麓下谷《しもだに》駅 ……車21km…… 松山道・いよ小松IC

季節の見どころ

夜間にロープウェイに乗って星空や月の観察ができる「石鎚山スターナイトツアー」。5～11月に開催日あり。※要予約・申し込みはHPで。

ロープウェイ情報

営通年 時8時40分～17時（季節・曜日により異なる※HPで確認を）休無休(4月にメンテナンス休あり) 料往復2200円（リフト往復600円）

九州の
Kyusyu
天空テラス
&展望台

P134 皿倉山ケーブルカー・スロープカー
福岡県
佐賀県
大分県
P136 別府ロープウェイ
長崎県
P138 長崎ロープウェイ
熊本県
P140 雲仙ロープウェイ
宮崎県
鹿児島県

眼下に北九州の街並みを眺めながら走行する皿倉山ケーブルカー。

長崎ロープウェイで上る稲佐山展望台。夜景の美しさに息を飲む。

北九州市街地と関門海峡を一望

Mt.Sarakurayama Cablecar & Slopecar

皿《さら》倉《くら》山《やま》ケーブルカー・スロープカー

福岡県 | 北九州市 | 622m | all season

スロープカーの
ナイトビュー
最高～

ガラス張りのスロープカーからは洞海湾や八幡地区の街並みを一望できる。

北九州の絶景ポイントは恋人の聖地としても人気

北九州市のシンボル皿倉山の山頂展望台にアクセスするルート。山麓駅と山上駅を結ぶケーブルカーと山上駅～展望台駅（山頂）間のスロープカー（小型モノレール）を乗り継ぎ山頂へ。

頂上の展望台は門司、小倉、折尾など北九州市の主要部に加え、足立山や石峰山などの地域の名峰、洞海湾や関門海峡なども一望できる絶景スポット。

展望台2階で営業中の「展望台レストラン天宮－TEN・KYU－」では皿倉山カレーなどのオリジナルフードや各種スイーツが提供され、ファミリーやカップルにも人気がある。

Data

- 福岡県北九州市八幡東区大字尾倉1481-1
- 093-671-4761
- 北九州都市高速4号線・大谷出入口から約1.5km Ⓟ178台（市営）
- JR鹿児島本線・八幡駅から無料シャトルバスで約10分

Check Point

ライブイベント

GWや秋、クリスマスには各種ライブイベントを実施。恋人の聖地らしいムーディな夜を演出する。

ケーブルカー情報

営通年 時9～22時(11～3月は～20時) 休火曜日(祝日除く) 料往復820円(ケーブルカー・スロープカー通し券1230円)

絶景ポイントへのアクセス

市街地から10分の山上の楽園

皿倉山展望台はスロープカーの展望台駅に併設されておりアクセスも便利。展望台の南側には河内貯水池方面も望むことができる。

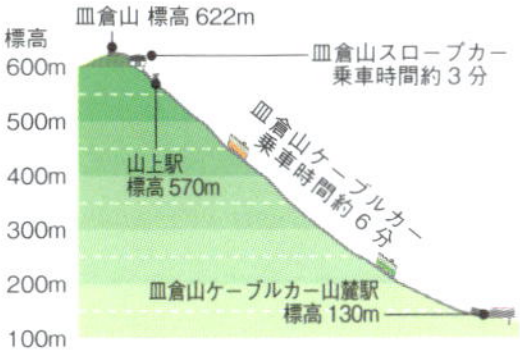
皿倉山 標高622m
標高
600m
皿倉山スロープカー
乗車時間約3分
500m
山上駅
標高570m
皿倉山ケーブルカー
乗車時間約6分
400m
300m
200m
皿倉山ケーブルカー山麓駅
標高130m
100m

都市高速・大谷出入口 …… 車 1.5km …… 帆柱公園立体駐車場 …… 徒歩 2分 …… 山麓駅 …… ケーブルカー 6分 …… 山上駅 …… スロープカー 3分 …… 展望台駅

眺望抜群の
展望スペース

1 スロープカー展望台駅に併設される展望台施設の屋内展望スペース。2 展望台に設置された昼と夜の景色比較写真。

3「天宮 -TEN・KYU-」の人気メニュー「天宮セット」1200円。4 レストランではソフトクリーム・雲のソフト500円や各種スイーツも提供。5 スロープカー駅に併設された展望台施設。

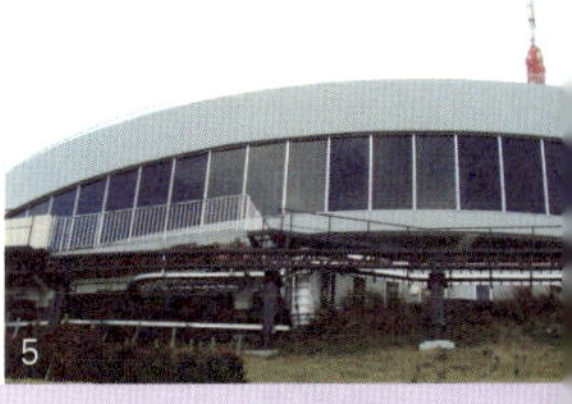

立ち寄りGuide

再開発が進む八幡東区の新旧施設を楽しむ

豊山八幡神社 2
北九州市内
北九州市立
いのちのたび博物館 1
大谷IC
北九州都市高速道路4号線
山麓駅
福岡県
北九州市八幡東区
門司・下関
福岡
山陽新幹線
皿倉山ケーブルカー
皿倉山
ケーブルカー
山頂駅
皿倉山スロープカー
N
0
400m

1 北九州市立いのちのたび博物館

施設から
2.9km

昆虫や恐竜などの「自然史」と東アジア世界の「歴史」をテーマとする博物館。☎093-681-1011 時9～17時(入館は～16時) 休年末年始と6月の特定日(1週間) 料600円

2 豊山八幡《とよやまはちまん》神社

施設から
2.3km

創建1400年を迎えた古社で、「やはた」の地名の発祥の地としても知られる。境内は小高い丘にあり、鉄の注連縄など見どころが多い。例祭は10月11日に斎行。

☎093-671-2998

日本が誇る大温泉地の街並みを一望

Beppu Ropeway

別府《べっぷ》ロープウェイ

大分県 | 別府市 | 1300 m | all season

大分平野と
高崎山の
大絶景だ～

霧氷で覆われた鶴見岳。展望台からは別府市街地や温泉街、さらに大分市街地や国東半島も一望できる。

Data

- 大分県別府市南立石寒原10-7
- 0977-22-2278
- 東九州自動車道・別府ICから約4km
- P 100台
- JR日豊本線・別府駅（西口）からバスで約20分

中国・四国地方まで遠望！ 東九州有数の絶景スポット

大分県別府市のシンボル・鶴見岳にアクセスする路線で、鶴見岳の別府高原駅と山頂付近の鶴見山上駅を結ぶ。

一帯は東九州有数の景勝地として知られており、鶴見山上駅舎屋上の展望台からは別府平野と別府湾が、徒歩約5分の「別府湾展望所」からは国東《くにさき》半島や中国・四国方面まで遠望できる。鶴見岳頂上は遊歩道で約15分の行程。山上付近には各所に様々な神様が祀られ、「七福神めぐり」「札所めぐり」の散策コースも設定されている。別府高原駅に隣接する「四季の里」は、桜や紅葉の名所として名高い。

Check Point

季節の見どころ

鶴見岳山上一帯は例年10月中旬〜11月下旬が紅葉の見頃。鶴見岳自然公園「四季の里」は秋の紅葉が素晴らしい。

ロープウェイ情報

営通年時9〜17時（冬季は〜16時30分）休無休※メンテナンスによる運休あり料往復1800円

まるでピンクの絨毯のよう

1 鶴見岳山上一帯では例年5月に5千株のミヤマキリシマが咲き誇る。2 鶴見岳山上一帯には七福神巡りコースがある。

絶景ポイントへのアクセス

市街地から車で20分の別天地

鶴見山上駅は駅舎屋上が展望台。徒歩約5分の別府湾展望所展望台と、徒歩約15分の鶴見岳の頂上からは、よりダイナミックな風景を楽しめる。

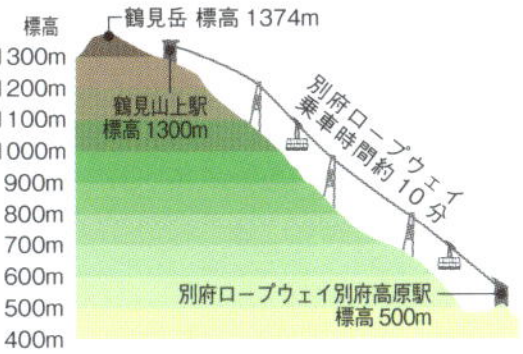
鶴見岳 標高 1374m
標高
1300m
1200m
1100m
1000m
900m
800m
700m
600m
500m
400m
鶴見山上駅
標高 1300m
別府ロープウェイ
乗車時間約10分
別府ロープウェイ別府高原駅
標高 500m

鶴見岳山頂 ……徒歩20分…… 鶴見山上駅 ……ロープウェイ10分…… 別府高原駅 ……徒歩2分…… 別府ロープウェイ大駐車場 ……車4km…… 東九州道・別府IC

3 鶴見岳山頂周辺もフォトジェニックな風景が連なる。4 山頂駅に隣接する鶴見山上権現一の宮。5 駐車場前の「九州焼酎館」では九州の銘品を多数販売。

立ち寄りGuide

温泉天国・別府で異なる源泉を堪能

① 海地獄

施設から7.2km

約1200年前に鶴見岳噴火と共に湧出した熱泉で、水面が海のようなコバルトブルーに見えることから「海地獄」と称される。☎0977-66-0121時8〜17時休無休料500円

② 地獄蒸し工房鉄輪《かんなわ》

施設から7.4km

鉄輪温泉伝統の調理法「地獄蒸し料理」を体験できる。お好みで購入した鍋セットを地獄蒸し釜で調理する。☎0977-66-3775時10〜19時（18時LO）休第3水曜（祝日の場合は翌日）

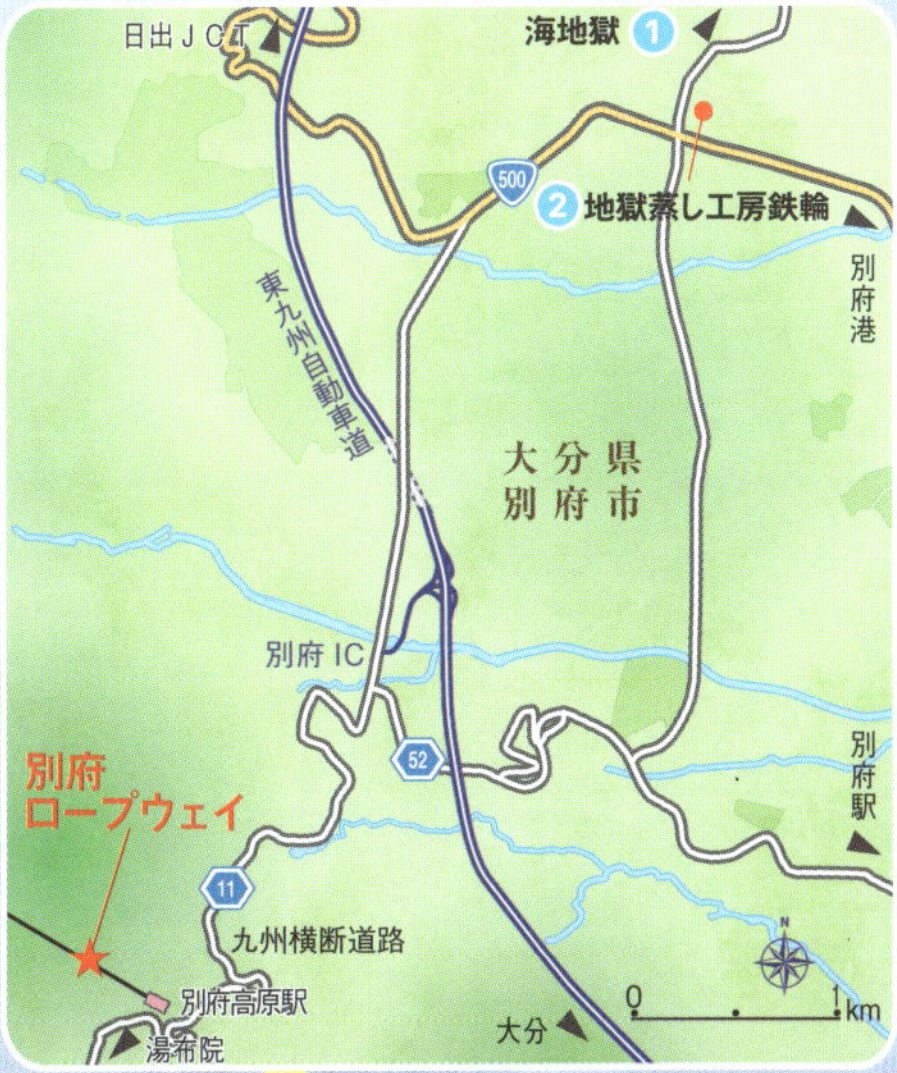
日出JCT
海地獄 1
500
2 地獄蒸し工房鉄輪
別府港
東九州自動車道
大分県
別府市
別府IC
52
別府駅
別府
ロープウェイ
11
九州横断道路
別府高原駅
湯布院
大分
0
1km

日本新三大夜景の圧倒的な迫力に感動

Nagasaki Ropeway

長崎《ながさき》ロープウェイ

長崎県 | 長崎市

333 m　all season

昼も夜も楽しめる
絶景プレイス

稲佐山展望台からの眺望。眼下には長崎の港湾地区や市街地中心部の大パノラマが広がり、その迫力に圧倒される。

ガラス張りのゴンドラで空中散歩を楽しむ

長崎市のランドマーク「稲佐山」にアクセスする路線で、山麓の淵神社と稲佐山の山頂を結ぶ。360度ガラス張りの瀟洒《しょうしゃ》なゴンドラは、世界的デザイナーの奥山清行氏が手掛けたもので、唯一無二の乗車体験が味わえる。

稲佐山展望台からは長崎市街地はもちろん金比羅山や英彦山《ひこさん》、長崎半島まで一望できる。「日本新三大夜景」に数えられる息を飲むナイトビューも一度は見ておきたい。

稲佐山中腹駐車場と稲佐山を結ぶ「スロープカー」もロープウェイと合わせて楽しもう。

Data

- 長崎県長崎市淵町8-1（淵神社駅）
- 095-861-3640
- 長崎自動車道・長崎ICから約6km
- P 14台
- JR長崎本線・長崎駅からバスで約7分

Check Point

季節の見どころ

稲佐山はつつじの名所としても知られる。例年4月下旬～5月上旬頃に稲佐山公園で「つつじまつり」が開催される。

ロープウェイ情報

営通年 時9～22時 休無休（6月頃に定期整備による運休あり） 料往復1250円

新三大夜景の迫力に圧倒される！

1 日本新三大夜景を一望できる稲佐山展望台。2 円形建築の展望台からは360度のパノラマビューが楽しめる。

絶景ポイントへのアクセス

昼夜を問わず楽しめる絶景ポイント

稲佐岳駅から徒歩約5分で稲佐山展望台へ。展望台屋上まではスロープ、階段のほかエレベーターもあり、バリアフリー対策も万全だ。

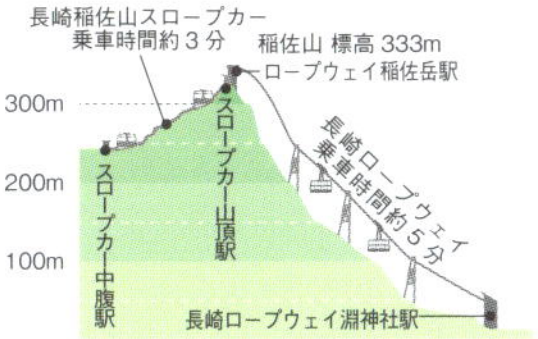
長崎稲佐山スロープカー
乗車時間約３分
稲佐山 標高333m
ロープウェイ稲佐岳駅
300m
200m
100m
スロープカー中腹駅
スロープカー山頂駅
長崎ロープウェイ
乗車時間約５分
長崎ロープウェイ淵神社駅

稲佐山展望台 …… 徒歩5分 …… 稲佐岳駅 …… ロープウェイ5分 …… 淵神社駅 …… 徒歩1分 …… 淵神社 …… 車6km …… 長崎道・長崎IC

3 稲佐山中腹から山頂を結ぶ「長崎稲佐山スロープカー」。4 車内からは長崎市街地を一望できる。5 展望台内部。らせん状のスロープはイルミネーションで装飾される。

立ち寄りGuide

変貌著しい市の中心部にもアクセス良好

① 長崎スタジアムシティ

施設から0.9km

提供：長崎スタジアムシティ

2024年10月にオープンしたサッカースタジアムを核とする複合施設で、アリーナ、商業施設、ホテル、オフィス棟などが併設される。☎0120-1014-77 時7～23時 休無休

② 長崎新地中華街

施設から3.0km

横浜、神戸と並ぶ中華街で、中華料理店、中国菓子店、中国雑貨店など約40店舗が軒を連ねる。例年旧正月には「長崎ランタンフェスティバル」が開催される。

N
0
500m
諫早
原爆資料館
大学病院前
諫早・大村
長崎電気鉄道
長崎県
長崎市
JR長崎本線
茂里町
西九州新幹線
長崎スタジアムシティ
稲佐山公園
スタジアウムシティノース
淵神社駅
206
スタジアウムシティサウス
スロープカー中腹駅
スロープカー山頂駅
長崎稲佐山スロープカー
八千代町
112
202
長崎駅前
稲佐岳駅
長崎ロープウェイ
長崎駅
長崎新地中華街
五島町
大波止
202
長崎港
出島
ながさき出島ロード

九州全域を一望できる絶景ポイント

Unzen Ropeway

雲《うん》仙《ぜん》ロープウェイ

長崎県 | 雲仙市 | 1300m | all season

有明海や天草が
見渡せる
山頂展望所からの眺望。熊本方面や普賢岳が一望できる九州有数の絶景スポット。

大自然を堪能しながら九州一円を遠望する

島原半島中央部の連山・雲仙岳の仁田《にた》峠と妙見岳山頂を結ぶ。沿線の大自然は山野草の宝庫で、春には咲き誇るミヤマキリシマや新緑、夏にはヤマボウシ、秋には色とりどりの紅葉、冬は霧氷が車窓から楽しめる。

山頂展望所からは長崎方面、妙見岳展望台からは熊本方面、山頂近くの妙見神社付近からは島原半島北部を望むことができる。時間があれば3カ所とも回遊して天空の絶景を楽しみたい。また、起点の仁田峠駅一帯には駐車場と土産物店があるほか、普賢岳の噴火で誕生した平成新山を望める展望台もある。

Data

- 長崎県雲仙市小浜町雲仙551
- 0957-73-3572
- 長崎自動車道・諫早ICから約43km
- P 220台
- JR長崎本線・諫早駅から路線バスで雲仙へ。タクシーで約20分

Check Point

季節の見どころ

一帯は春になると山腹にミヤマキリシマの花が咲き乱れる。秋の紅葉や冬の「花ぼうろ」（写真）も見てみたい。

ロープウェイ情報

営通年 時8時51分～17時23分（冬季は～17時11分）休無休 料往復1500円

絶景ポイントへのアクセス

豊かな自然を体感できる絶景スポット

妙見山上駅から徒歩約15分の妙見岳山頂と妙見岳神社からは九州中部が遠望できる。遊歩道は勾配が連続するので履き慣れた靴がおすすめ。

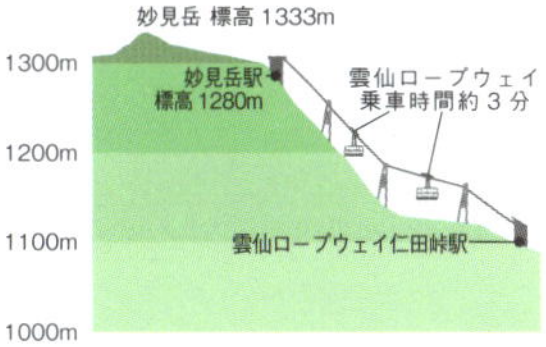
妙見岳 標高1333m
1300m
妙見岳駅
標高1280m
雲仙ロープウェイ
乗車時間約3分
1200m
1100m
雲仙ロープウェイ仁田峠駅
1000m

山頂展望所 ……徒歩2分…… 妙見山上駅 ……ロープウェイ3分…… 仁田峠駅 ……徒歩2分…… 雲仙ロープウェイ駐車場 ……車43km…… 長崎道・諫早IC

眼下に広がる錦秋の絨毯

1 例年11月上旬になると錦秋の絨毯が敷き詰められたような絶景が広がる。
2 妙見岳展望台に設置された方位板。

3 仁田峠駅一帯からは平成新山が望める。4 雲仙温泉街「やらやら SAPIN」の地獄そうめん650円。5 展望台からは雲仙ゴルフ場や諫早方面が望める。

立ち寄りGuide

明治時代から栄える温泉保養地・雲仙を一巡り

① 雲仙地獄めぐり

施設から6.4km

地表から噴出する高温高圧噴気や硫黄臭が堪能できる観光遊歩道。コース内には30あまりの「地獄」（噴出ポイント）がある。温泉たまごのお店「雲仙地獄工房」も立ち寄りたい。

② 小地獄温泉館

施設から7.8km

自家源泉より湧き出す白濁とした硫黄泉を楽しめる共同浴場。2種の浴槽がある。☎0957-73-3273 時9時30分～20時（11～4月は～19時）休水曜（水曜が祝日の場合は営業）料500円

多比良
389
妙見岳駅
雲仙
ロープウェイ
長崎県
雲仙市
仁田峠
池ノ原園地
仁田峠駅
389
57
57
① 雲仙地獄めぐり
雲仙地獄工房
小浜温泉
② 小地獄温泉館
島原
0
400m
N

小樽天狗山
ロープウエイ
（北海道）

サンメドウズ清里
（山梨県）

天空テラス週末さんぽ Index

あ

か

さ

た

*Walking
in the air*

ロープウェイでらくらく行ける
雲上リゾート&展望台58選

天空テラス週末さんぽ

2025年5月　第1版第1刷発行

編 集	有限会社トゥインクル （星川功一、山中真緒）
取材原稿	小関秀彦、田辺英彦、藤原 浩、平賀尉哲
表紙・本文デザイン	羽鳥光穂
本文DTP	株式会社アド・クレール
地図・図版制作	石井光智、大村タイシ
写真協力	ロープウェイ・ケーブルカー諸施設、 PIXTA、photolibrary
発 行 人	日野眞吾
発 行 所	株式会社ＪＡＦメディアワークス 〒105－0012 東京都港区芝大門1-9-9 野村不動産芝大門ビル10階 電話03-5470-1711（営業） https://www.jafmw.co.jp/
印刷・製本	シナノ印刷株式会社

Printed in Japan
ISBN978-4-7886-2403-0